Mémoire des 5 sens

Du même auteur

Stimulez votre visage par la Faciale-gym, Éditions Cristal.
La gymnastique du visage, Lanore, 2012.
Les Voyelles Sacrées, Lanore, 2014.

Alain Pénichot

Mémoire des 5 sens

Renforcer la capacité du corps et de l'esprit

Éditions Lanore
François-Xavier Sorlot, éditeur
6 rue de Vaugirard, 75006 Paris

Illustration 4e de couverture

Mémoire de l'univers de Robert Patier

ISBN : 9782851577542

www.fernand-lanore.com
contact@editionslanore.com

PRÉFACE

Il existe autant de méthodes pour la mémoire que de régimes pour maigrir ! Comme aurait dit le poète JEAN TARDIEU : « Nous maigrissons de partout ! » et une amie me citait cette maxime qu'elle avait fait sienne : « Ne pas rétrécir au lavage ! »

En parlant de mémoire on parle aussi du vieillissement. Et pourtant, vieillir, bien vieillir, est devenu non pas un parcours où nous risquons de rétrécir, aux dépens de notre croissance, mais parcourir le reste d'une vie en vivant du mieux possible les opportunités que la vie nous offre, vivre la sagesse de toutes les expérimentations que nous avons explorées tout au long d'une vie souvent difficile. Car cette vie ne se résume pas toujours à une partie de plaisir, de « farniente » ; elle est tantôt lisse, tantôt pleine de bosses, d'attachements, tantôt terrain d'aventures, tantôt ennui lorsqu'une fois à la retraite la recherche du temps devient une fuite en avant comme pour se rattraper de tout ce qui est resté en friche ou en souffrance pendant de nombreuses années. La mémoire apparaîtra comme un partenaire visible ou invisible qui parfois nous lâche, nous abandonne, jusqu'à devenir un problème récurrent…

Ce livre est une invitation exploratoire de toutes ces mémoires qui vivent en nous, à notre insu parfois, et qui deviennent conscientes. Or pour peu que l'on accepte le jeu, quoi de mieux que d'interroger nos cinq sens ? Ne devrions-nous pas nous questionner lorsqu'une mémoire de notre cerveau gauche ne répond plus comme avant, lorsque l'incertitude remplace l'action, lorsque le doute s'installe sur ce partenaire qui nous accompagne tout au long de notre vie, lorsque l'inconnu fait place au connu et devient frayeur ?

Ce livre s adresse donc aux bien portants (ou en passe de le devenir, de le redevenir), aux curieux, bref à nous tous humains qui partageons cette relation commune et universelle si particulière à la mémoire, aux mémoires…

Ce livre se veut donc exploratoire pour dédramatiser certains de nos manques. Il ne propose pas une recette de plus, il offre une méthode active pour développer une stratégie avec soi-même, pour s'accompagner, pour être son meilleur partenaire, le meilleur ami de soi-même.

Accepter est le maître mot. Accepter ce qui se joue lorsque l'information, lorsque les dates, les noms, les citations ne fusent plus comme auparavant, n'interagissent plus comme avant.

Ici nous allons jouer autrement : voilà où la stratégie intervient. Nous allons développer une présence à soi dans ces petits riens de la vie qui conditionnent le regard que nous avons sur nous-mêmes. Une présence de chaque instant qui passe inéluctablement par les cinq sens – mais peut-être aussi d'autres sens – pour enrichir notre présence à soi et au monde.

Animateur de métier dans le domaine socio-culturel, ayant eu affaire à tous les publics, jeunes, ados, adultes et séniors, j'ai durant sept ans exercé auprès d'un public sénior venant en cure au sein d'un établissement thermal. Explorateur depuis quelques décennies de différentes techniques de bien-être, de connaissance de soi, de développement personnel, d'aventures artistiques, auteur de plusieurs ouvrages sur la relation au visage ou au son, j'étudie depuis de nombreuses années cette plasticité cérébrale qui remet en question nos programmations, tous ces schémas qui veulent nous ressembler mais qui souvent ne nous correspondent pas car ils nous identifient souvent à des aspects limités de ce que nous croyons être. Nous sommes entièrement mémoire : le corps, l'esprit, le cœur, la vie sont mémoire. Tout est mémoire ! Alors si parfois elle nous fait défaut, ce n'est pas un grand drame dans le grand ordonnancement de ce qui nous entoure… Comme disait JEANNE GUENE[1], « c'est la vie en vous qui se joue ! »

C'est donc à JEANNE GUENE que je dédie ce livre, pour la place importante qu'elle occupe dans le monde de la mémoire, dans mon esprit et dans mon cœur. Une place mémorable…

Sept années durant j'ai exercé au sein d'un groupe lié à l'eau et la remise en forme, j'ai coordonné des ateliers de prévention du vieillissement qui concernaient la nutri-

1. Jeanne GUESNE, auteur de *Le Grand passage*, Le Seuil.

tion et la mémoire. Formé à une méthode de stimulation de la mémoire par un groupe mutualiste, je diffusais chaque semaine des ateliers récréatifs de « remue-méninges » selon une méthode ludique d'activation de la mémoire. J'ai animé différentes pratiques corporelles (yoga, Feldenkrais, gymnastique du visage, marche rapide, randonnée, etc.). Des intervenants spécialisés, docteurs, kinés, animateurs en info-santé proposaient au public différents ateliers liés à leurs domaines respectifs de compétences : école du dos, troubles de l'équilibre, migraine.

J'ai également coordonné des ateliers de dictée, de bridge, de danse de salon, ciblés sur la stimulation de la mémoire, le tout formant un creuset riche, un athanor, pour une approche globale de l'être humain, tant il est important de comprendre, de progresser, d'accepter et de jouer avec cette transition de l'âge que représente le fait de vieillir.

Ce sont ces centaines de personnes qui m'ont donné envie, 15 ans après, de revenir sur cette période riche en témoignages, sur cette réflexion de la mémoire que je traite actuellement en relation avec le visage et la peau. Je vous la livre humblement aujourd'hui, en espérant que cette découverte se fera pour vous dans le plus grand des plaisirs.

Les cinq sens

1. L'AXE SENSORIEL

Le besoin de stimulation est un besoin fondamental, indispensable au développement affectif, à la reconnaissance, à l'estime de soi.

J'avais remarqué que lors des ateliers « mémoire » que j'organisais, dès que j'abordais le travail sur le visage, le yoga du visage, l'excitabilité de la peau ou tapotements, la mémorisation immédiate d'un numéro de téléphone par exemple était plus rapide, se faisait naturellement. J'avais été surpris de ce système de mémorisation.

Récemment, lors d'une conférence que je donnais dans un salon sur le thème de la mémoire et de la gymnastique faciale, une dame présente insista sur le fait qu'elle ne connaissait pas son numéro de portable qu'elle possédait depuis trois ans.

Nous avons fait un exercice qui consistait à associer chaque couple de numéro de téléphone portable à un département, par exemple associer le 06 au département des Alpes Maritimes. Ensuite on enchaînait les couples de chiffres, on fermait les yeux et j'évoquais à chaque fois une représentation du lieu, une « unité de temps, de lieu », une vignette, une évocation, un son, une odeur, un goût. Que je connaisse ou pas ce département, peu importe, nous associons un symbole : le parasol, par exemple, pour représenter la plage. Nous avons fait cette visualisation tous ensemble, en groupe, associant un numéro de téléphone à des départements, chacun avec son propre système d'interprétation. Parmi les participants il y eut deux personnes qui ne visualisaient pas : ce furent deux jeunes gens qui ne connaissaient pas les départements français car l'apprentissage des départements, en dehors de la fonction publique, ne faisait plus partie des programmes scolaires ! Le reste des trente participants était essentiellement senior. L'exercice a continué : en visualisant son numéro de téléphone j'ai demandé à la dame qu'elle me restitue son numéro de portable les yeux fermés, tout doucement. Ensuite qu'elle accepte de se lever devant le groupe elle qu'elle le restitue a voix haute. N'ayant jamais parlé en public, cet exercice lui demanda un gros effort. Mais le groupe l'a applaudie spontanément et chaleureusement. Je pense que désormais cette dame n'oubliera plus jamais son numéro de portable, la relation au groupe ayant été forte. Chacun avait pu se reconnaître dans cet exercice.

Stimulation du visage

Le visage représente une carte des cinq sens, localisés :
– par les yeux (vision)
– par les oreilles (audition, écoute)
– par le goût (langue, parole)
– par l'odorat (nez, respiration)
– par le toucher (peau du visage, caresse, effleurement, pétrissage, tapotement, font partie de l'approche sensorielle de la peau)

Par ces cinq sens nous organisons notre vision du monde selon une carte personnelle qui traduit une perception où l'un de nos sens pourra dominer, sachant que la vision domine dans presque tous les profils établis. Dans la programmation neuro-linguistique, des profils sont dressés pour s'adresser à chaque sens et affiner une stratégie de communication.

2. QUI ÊTES-VOUS SELON VOS SENS ?

TEST VAKOG

Déterminez votre canal sensoriel prioritaire d'acquisition d'information (TEST)

Nous possédons 5 canaux de perception (VAKOG). Pour acquérir de l'information, selon le sujet ou la situation les individus ont tendance tout naturellement à privilégier l'utilisation d'un canal sensoriel dominant. Ce choix interactif est réalisé au détriment du développement potentiel des autres canaux. Le canal sensoriel dominant est le plus fréquemment utilisé pour chercher un souvenir dans sa mémoire ou construire une représentation. La conséquence de cette tendance a pour effet à terme.

- *La limitation du développement de stratégies potentielles ;*
- *La limitation dans la cognition ;*
- *La limitation dans le processus d'apprentissage ;*

- *La démotivation de l'individu ;*
- *Possibilité de perte de confiance en soi et estime de soi ;*
- *Frustrations, peurs, agressivité et violence ;*
- *Croyances et comportements limitants.*

Le seul indicateur fiable du canal sensoriel dominant d'une personne est le mouvement oculaire. Ces différents mouvements observables chez votre interlocuteur traduisent les opérations mentales qui sont à l'œuvre. Voir le schéma présenté ci-dessous : canal visuel – canal auditif – canal kinesthésique. Notons que pour les gauchers les mouvements peuvent être inversés.

Canal Mémorisé : Recherche d'images, ou de sons, dans ses souvenirs.
Canal Construit : Construction d'une image ou d'un son ou observation en détail.
Le Kinesthésique : Éprouve des sensations et des émotions.
Le AID : La personne se parle à elle-même en interne. *

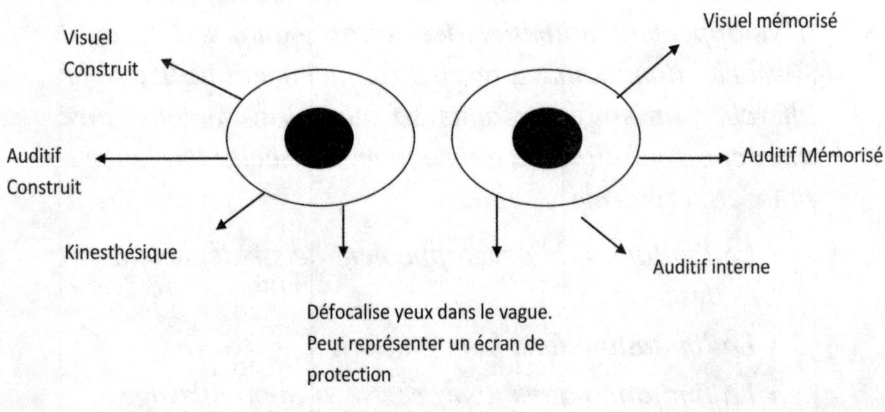

Un prédicat est un mot ou une expression qu'un individu utilise plus facilement que d'autre selon son canal sensoriel prédominant. Ceux-ci nous permettent en étant attentifs de déterminer le canal sensoriel de notre interlocuteur. Exemple : Visuel : Je regarde la télévision. Auditif : J'écoute la télévision.

Déterminez votre canal sensoriel prioritaire d'acquisition d'information (TEST).

Prédicats visuels	Auditifs	Kinesthésiques
Voir	Entendre	Sentir
Montrer	Parler	Toucher
Visualiser	Dire	Saisir
Éclairer	Écouter	Avoir du flair
Envisager	Questionner	En contact
Regarder, Illustrer	Se demander	Concret
Perspective	Dialoguer	Tension
Image	Discuter	Solide
Scène	Prêter l'oreille	Ferme
Clair	Enregistrer	Poids
Horizon	Accord	Sentiment
Point de vue	Malentendu	Sensation
Précis	Bruit	Relaxé
Flou	Rythme	Concret
Contraste	Mélodieux	Tendre
Lumineux	Écho	Dur
Brumeux	Tonalité	Excité
Flash…	Crier…	Froid…

Si vous souhaitez découvrir votre canal sensoriel dominant, nous vous invitons à faire ce test.

Ce test est utile pour connaître également comment vous mémorisez l'information.

1. Vous êtes en congé et il pleut :

A — Pour vous la journée est perdue ;

B — Vous surveillez l'apparition de l'arc-en-ciel ;

C — Vous aimez l'odeur de l'air et des feuilles mouillées ;

D – Vous écoutez le bruit de l'eau sur le toit.

2. Dans un grand magasin, vous êtes agacé par :

A — Les annonces et promotions que l'on fait au micro ;

B — Le changement de rayon des produits que vous achetez ;

C — L'absence de vendeur ou de conseillère pour vous guider ;

D — L'augmentation des prix.

3. En voiture, lorsque vous ne conduisez pas :

A — Vous écoutez la radio ;

B — Vous en profitez pour regarder le paysage ;

C — Vous êtes relaxe et détendu ;

D — Vous avez tendance à conduire à la place du chauffeur.

4. Dans une foire, un cirque ou une exposition :

A — Le bruit des machines et des gens vous agresse ;

B — La diversité et les couleurs des étalages vous charment ;

C — Vous vous mélangez à la foule qui se presse à un kiosque ;

D — Vous vous rappelez d'autres événements semblables.

5. Au restaurant, vous appréciez tout d'abord :

A — L'ambiance créée par la musique ;

B — La décoration de la salle à manger ;

C — Le confort des chaises ;

D — La variété et l'abondance du menu.

6. À votre réveil, vous remarquez :

A — La sonnerie de votre réveille-matin ;

B — La lumière du jour à travers la fenêtre ;

C — Qu'il vous faut quitter la chaleur de votre lit ;

D — Vous anticipez ce que vous avez à faire aujourd'hui.

7. À l'intérieur d'une église, vous êtes frappé par :

A — La qualité du silence ;

B — La pénombre et la lueur des cierges et des vitraux ;

C — L'odeur de la cire ou de l'encens ;

D — Par rien de précis.

8. Sur la plage, votre attention est captée par :

A — Le bruissement des vagues et les cris des oiseaux ;

B — La beauté du paysage et de l'environnement ;

C — L'odeur de l'air frais et des embruns ;

D — Vous analysez l'heure et l'à-propos de votre promenade.

9. Dans votre bain ou votre douche :

A — En paix, vous y chantez ou écoutez de la musique ;

B — Vous rêvassez doucement ;

C — Vous aimez la douceur de l'eau chaude sur votre peau ;

D — Vous savez exactement pourquoi cela vous détend.

10. Vous achetez un vêtement :

A — Parce que sa valeur et son prix vous satisfont ;

B — Parce que vous voyez qu'il vous va bien dans la glace ;

C — Parce que c'est le plus doux et le plus confortable ;

D — Parce qu'il vous paraît éminemment pratique.

SOLUTION : Attribuez un point à chaque fois que vous choisirez A, deux à chaque B, trois à chaque C et quatre points à chaque D. Faites la somme de vos choix.

RÉSULTAT: Si vous totalisez moins de 11 points, vous êtes auditif. Si vous avez entre 11 et 35 points : vous êtes visuel. Entre 36 et 45 points : vous êtes kinesthésique. Plus de 45 points : vous vous fiez à votre « dialogue intérieur ». Il est possible aussi que vous soyez un auditif ou un visuel qui a développé son côté complémentaire et… qui a tendance à rationaliser.

3. UNE STRATÉGIE MÉMORIELLE

Étymologiquement, le mot stratégie renvoie au fait de commander, de coordonner, de manœuvrer pour obtenir un résultat, une réussite ou un échec. Pourquoi une stratégie concernant la mémoire ? Parce que notre mémoire est influencée par la mémoire collective, les us, les coutumes, la langue. L'imprégnation des sens nous plonge dans un monde codé, une matrice (comme dans le film *Matrix*), dont nous avons très peu conscience : c'est comme si nous avions la mémoire du groupe humain auquel nous appartenons avant d'avoir la nôtre. Les souvenirs, selon leur teneur émotionnelle, vont déterminer, mettre en ordre une sélection en fonction de notre affectivité, des choix que nous prenons dans la vie (domaine traité d'une façon passionnante par l'haptonomie). Un souvenir n'est pas une photographie statique, mais la métamorphose de notre regard instanté, la coloration du moment présent qui permet d'interpréter, de dépasser, de recadrer les événements qui nous construisent. Chacun étant soumis a sa propre subjectivité et interprétation dans ce domaine intime, je vous propose cet exercice que j'avais déjà développé dans le livre *Le coaching du visage*. En effet, quoi de mieux que le visage pour définir le temps qui passe et les souvenirs qui sont les vignettes de notre mémoire ?

Exercice :

Durée de l'exercice : 45 mn

Je prends un rendez-vous avec moi-même.

Ces deux exercices sont très importants pour se situer sur la ligne du temps.

Prenez un stylo, une feuille ou un cahier sur lequel vous noterez le titre « Je me souviens » ou tout autre titre de votre choix.

Dans cette introspection élucidante, selon PAUL DIEL (*Psychologie de la motivation*, Éditions Payot), nous allons visiter les portraits qui nous habitent. Plutôt que faire un état des lieux, il s'agit de se reconnecter aux parties émotionnelles qui se dégageront.

Prenez donc papier crayon, peut-être aussi des photos de vous aux différentes parties de votre vie.

Installer-vous confortablement sur votre siège.

Inspirez… Expirez par trois fois…

Visualisez un escalier éclairé de bleu, puis prenez l'escalier et descendez tranquillement 4 étages plus bas.

Là, vous voyez une porte. Derrière cette porte, c'est vous à 7 ans. Les yeux fermés, ouvrez la porte. Vous apercevez maintenant l'enfant que vous étiez à 7 ans (environ ; si un autre portrait d'enfant à 10 ans apparaît, accueillez-le). Vous êtes comme dans un film ou devant une photo : quel est le visage de l'enfant que vous étiez ? Sa coiffure ? Ses vêtements ? Peut-être les gens autour ? La famille, les jouets, les animaux, le décor, autant d'éléments qui dressent le tableau.

Émotionnellement, comment vous sentez-vous ? Vous noterez sur votre cahier-mémoire les interprétations, les ressentis agréables ou désagréables, les sentiments : colère, ressentiment, joie, tristesse ou manques.

Ensuite vous allez monter au quatrième étage, ouvrir la porte, et là vous rencontrez l'adolescent(e) en vous, son visage, ses habits, l'attitude globale, le décor, les vêtements, les ami(e) s, la famille, les animaux… Autant de détails qui dressent le portrait de cet adolescent(e). Notez sur votre cahier vos émois, vos projections, vos critiques. Soyez bienveillant(e), cet exercice se veut comme un inventaire, il est juste le témoin en vous qui observe. Notez sur votre cahier tout ce qui vous vient.

Puis vous montez un autre étage. Prenez le temps que vous voulez, ouvrez la porte et là vous rencontrez le (la) jeune adulte, la mère, le père que vous êtes devenu (25-30 ans). Si vous êtes célibataire, le costume, le décor. Comment est le visage ? Quel est l'environnement ? Quelle énergie se dégage de ce portrait ? Notez vos impressions, vos ressentis, vos commentaires.

Puis vous montez un autre étage : la porte s'ouvre sur l'adulte de 40 ans (40-50). Notez le décor, les vêtements, les impressions, l'environnement, autant de détails qui dressent ce portrait. Quels sont vos idéaux, vos choix ? Notez le regard que vous portez sur les déceptions, les orientations. Tout cela tisse dans les coulisses ce que vous êtes maintenant. Votre visage, que dit-il ?

Et puis vous montez un autre étage en ayant bien refermé la porte de l'autre étage. Nouvelle porte, que vous ouvrez au-delà de 50… 60 ans… 80 ans… 100 ans. Notez les ressentis, les impressions, les émotions, vos évaluations.

Ensuite, en ayant pris le temps nécessaire, fermez les yeux et visualisez les différents portraits aux différents âges : à chaque portrait, vous allez créer une chaîne de lumière, comme une passerelle, le but étant d'accepter tous ces portraits qui construisent votre mémoire. Répétez a voix haute : « Quoi que j'aie vécu, je détiens en moi la possibilité de continuer à grandir, à m'épanouir, à me découvrir. J'ordonne la guérison immédiate de toutes les distorsions, les manques, les incapacités, l'impuissance, qui caractérisent certaines périodes de ma vie (faites un choix dans les mots et situation), j'accepte au plus profond de moi-même toutes les expérimentations, même les plus hasardeuses, compliquées, hors cadre, marginales, je restaure dans la dignité tout ce qui m'habite.

Respirez. Buvez un verre d'eau.

Vous pouvez faire cet exercice sur plusieurs jours.

4. JE ME SOUVIENS…

L'objectif est de remonter la ligne du temps jusqu'à sa naissance.

Prendre du temps, s'arrêter à certaines périodes, noter, s'exercer, s'aider de faits. C'est une véritable enquête sur les souvenirs qui vous habitent, dont vous êtes le sujet principal, parfois le héros, parfois le témoin, parfois la victime.

L'idée est de ressentir comment je me situe vis-à-vis de mon passé, de mes souvenirs. Est-ce que j'accepte, est-ce que je bloque ? Très souvent c'est une mémoire immédiate qui nous fait défaut : le « stockage », en vieillissant, n'est plus aussi spontané. Néanmoins nous pouvons développer une stratégie de façon à ne plus stresser. Lorsqu'il y a non-réponse, il y a blocage ! Donc passez, vous reviendrez ensuite sur les blocages si vous arrivez à les localiser.

Notez dans votre cahier les mots après avoir vérifié leur sens dans le dictionnaire.

La psychologie distingue deux sortes de mémoire :
- La mémoire explicite, qui comprend les registres de la mémoire sémantique (langage, savoirs, connaissances générales) et la mémoire épisodique, constituée de vignettes, de tableaux autobiographiques, évènements dont on a été témoin au cours de notre vie, localisés dans les sphères cérébrales de l'hippocampe, du thalamus et de l'hypothalamus, du lobe temporal médian. Cette mémoire épisodique nous intéresse car elle est le support de nos souvenirs et de nos récits.
- La mémoire implicite, qui contient les registres de la mémoire procédurale et implique la mise en acte de nos apprentissages : rouler à vélo, marcher, etc. Elle inclut une mémoire affective concernant la relation que nous entretenons au plaisir/déplaisir, au lien et à la relation. La mémoire implicite est localisée dans les noyaux gris centraux, l'amygdale, le cortex préfrontal, le cortex sensoriel associatif et le cervelet. Elle organise tout ce qui construit une relation liée à l'affectif, à notre parcours familial, personnel, au rapport que nous entretenons avec la sécurité. Suis-je sécure ? Suis-je en phase avec mon bien-être, mon écologie personnelle ?

LES TROIS CERVEAUX

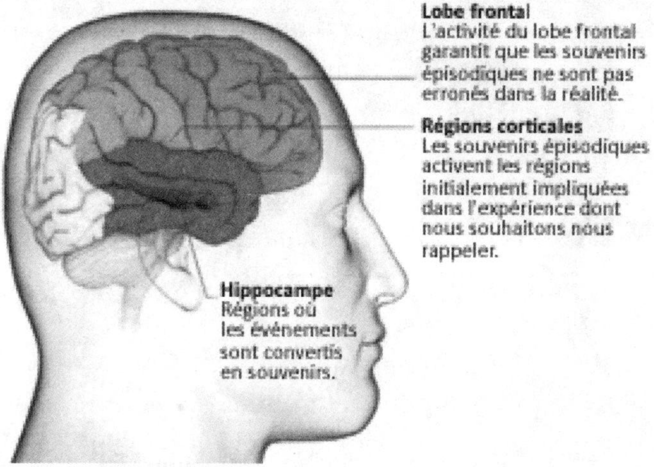

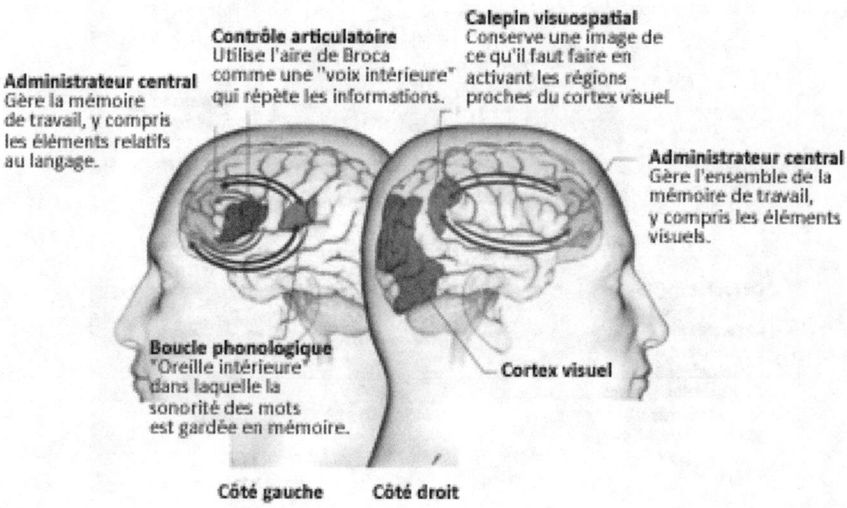

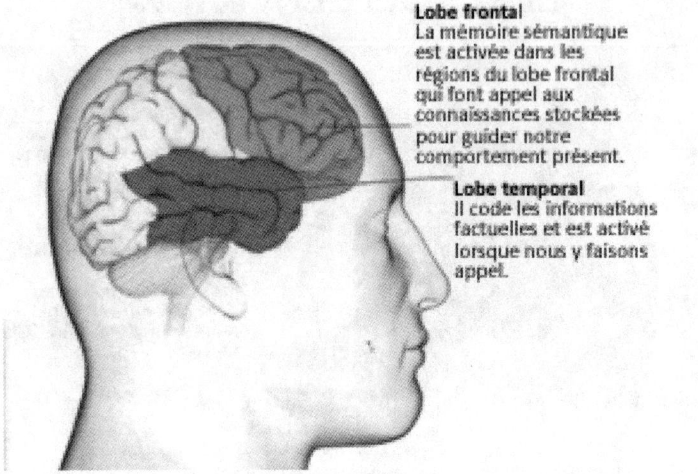
Lobe frontal
La mémoire sémantique est activée dans les régions du lobe frontal qui font appel aux connaissances stockées pour guider notre comportement présent.
Lobe temporal
Il code les informations factuelles et est activé lorsque nous y faisons appel.

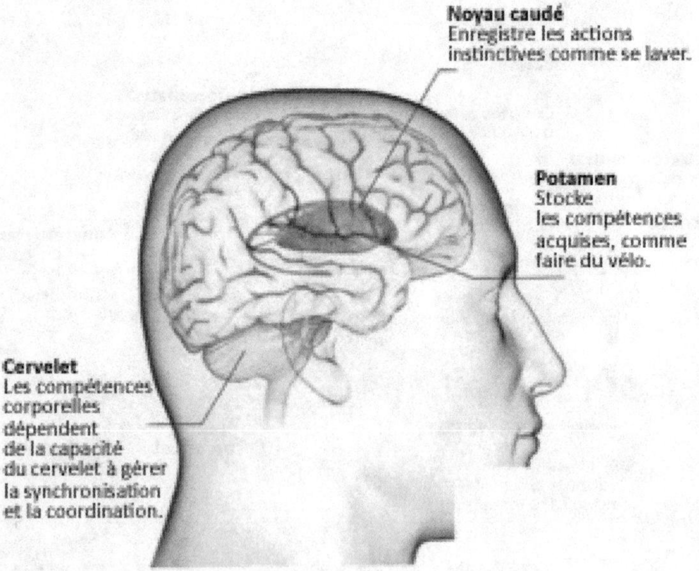
Noyau caudé
Enregistre les actions instinctives comme se laver.
Potamen
Stocke les compétences acquises, comme faire du vélo.
Cervelet
Les compétences corporelles dépendent de la capacité du cervelet à gérer la synchronisation et la coordination.

Henri LABORIT, lauréat français du prix Albert Lasker en 1957, a abordé dans sa carrière scientifique l'étude des trois cerveaux, découverte par MAC LEAN et illustrée dans le film « Mon oncle d'Amérique » d'ALAIN RESNAIS. Ces trois cerveaux conditionnent des réactions « à l'insu de notre plein gré » pour reprendre la fameuse expression de Richard Virenque.

Les trois cerveaux sont:

1. LE CERVEAU REPTILIEN

C est le plus ancien des cerveaux. Les poissons, les tortues de mer, les reptiles, les vertébrés inférieurs, sont encore des espèces uniquement régies par ce cerveau. Ce cerveau déclenche des mécanismes de survie pour le groupe ou l'espèce. Ce sont des schémas rigides stéréotypés, primitifs, basiques, inaptes à l'adaptation, à la souplesse. Grégaires, ils ne fonctionnent que sur l'avoir nécessaire pour protéger leur territoire, pour poser des limites à l'autre, pour négocier, pour construire une maison, une cabane, mener la guerre.

2. LE CERVEAU LIMBIQUE

Hérité des mammifères primitifs, baleine, lièvres, moutons, ce cerveau est le siège des émotions.

Ce cerveau intervient dans la notion de plaisir/déplaisir, fuite ou agression, son fonctionnement domine les processus de mémoire et d'adaptation à l'environnement. En proie à l'émotion, le cerveau limbique peut bloquer toute réactivité : stupeur, stress, etc. Il joue sur les fonctions cognitives par la production d'images, partie intégrante de la mémoire à long terme, il enregistre le vécu, l'expérience et son cortège d'émotions plaisantes ou déplaisantes. À ce niveau, on peut accéder aux rêves, au prénatal, phase du nourrisson, pour déprogrammer les traumas.

(Vous pouvez ici définir les émotions telles que vous les vivez : tristesse, colère, joie, et tout ce qui se décline à partir de ces émotions de base.)

3. LE CERVEAU CORTICAL.

Il est le siège de la pensée (neurosensoriel, système nerveux, etc.).

C'est le cerveau dominant. C'est dans ce cerveau que se construisent les symboles la pensée, l'abstraction, la réflexion, mais aussi la créativité, la conscience d'être humain différent des autres règnes de la nature. C'est là que le stockage de la mémoire est possible, là où s'élaborent la synthèse, les opérations de l'intellect, la raison, le discernement, la comparaison, la réflexion, la création, toutes les opérations humaines qui peuvent construire, mais aussi détruire.

(Vous pouvez noter plusieurs exemples d'actions concernées par ce cerveau au niveau de l'actualité…)

5. QUATRE MÉMOIRES QUI NOUS SERVENT AU QUOTIDIEN

1. LA MÉMOIRE SENSORIELLE
2. LA MÉMOIRE DE TRAVAIL
3. LA MÉMOIRE À LONG TERME

1. *La Mémoire Sensorielle* est l'aptitude à garder un élément de mémoire entre 200 millisecondes à trois secondes, grâce à la perception visuelle et la perception auditive. Les organes des sens transmettent des informations à certaines zones du cerveau ou elles sont analysées. C'est ainsi que l'on se souvient de ce que l'on a vu, touché et dit.

2. *La Mémoire de Travail* ou la Mémoire à court terme va permettre à l'esprit de retenir les informations durant la réalisation des tâches. Elles sont ainsi traitées pour être ensuite stockées par la Mémoire à long terme. L'administrateur central du cerveau contrôle les opérations quand nous faisons appel a des éléments provenant d'autres régions du cerveau cortex pré-fontal et cortex pariétal.

3. *La Mémoire à long terme*

Il existe différentes mémoires à long terme, selon le type de souvenirs :

– la mémoire épisodique
– la mémoire sémantique
– la mémoire procédurale

La mémoire est tributaire de facteurs tels que le stress, fatigue, la motivation, l'émotivité, les circonstances ou les évènements.

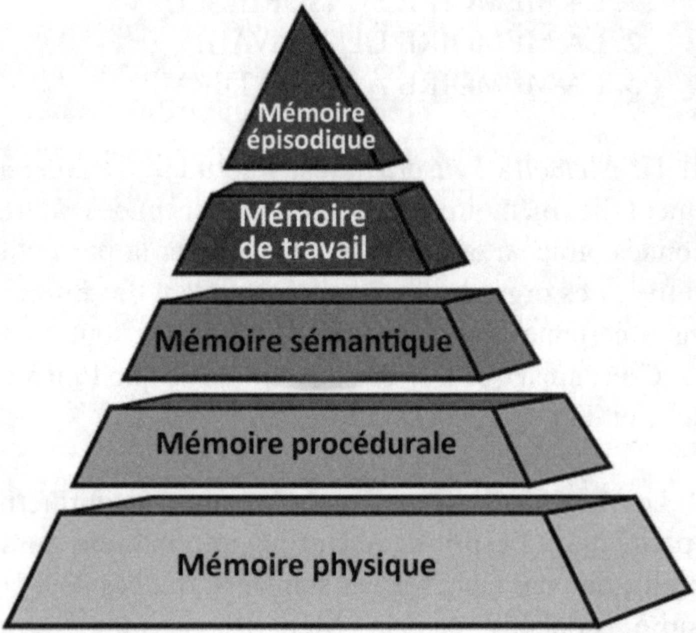

L'IMAGERIE MENTALE

L'imagerie mentale est une activité cognitive qui permet de percevoir quelque chose en son absence.

Elle nous permet de créer :

- Images
- Sons
- Odeurs
- Sensations

Tout cela se crée dans notre tête grâce au cerveau et à l'imagination : formes, couleurs, noir et blanc… La créativité est le fruit de nos capacités d'imageries mentales.

La mémoire est la fonction cognitive la plus sollicitée dans la plupart de nos actes. Elle intervient pour enregistrer ou rappeler des informations aussi diverses qu'un numéro de téléphone, ce que l'on a fait le week-end dernier, l'endroit où on a rangé les clefs… Elle participe à d'autres activités cognitives telles que la lecture, le raisonnement, le calcul mental, la création d'images mentales. Elle crée un stock de connaissances culturelles, de souvenirs personnels, de processus moteurs.

6. L'ART DE LA MÉMOIRE
(arts memoriae)

Aussi appelée méthode des *locis* ou méthode des lieux. C'est une méthode mnémotechnique utilisée depuis l'antiquité. Elle sert à mémoriser les longues listes d'éléments ordonnés, basés sur les souvenirs de lieux déjà bien connus auxquels on associe, au moyen de divers moyens mnémotechniques, des éléments nouveaux que l'on souhaite mémoriser.

La légende raconte que l'art de la mémoire fut inventé en Grèce par le poète SIMONIDE DE CÉOS, invité à un banquet donné par un noble de THESSALIE. Le toit s'écroula sur les convives alors que SIMONIDE venait de partir. Celui-ci fut le seul à être capable de nommer tous les cadavres défigurés, grâce au souvenir qu'il avait gardé des lieux ou les invités étaient assis.

L'ART DE LA MÉMOIRE était né.

Tout au long de l'histoire et de la culture, l'art de la mémoire figurera comme le lien entre lieu et images. La mémoire est un édifice à but pratique, une sorte de musée où les tableaux sont entreposés dans de petites salles bien éclairées, où l'orateur doit parcourir en imagination, au fil de son discours, ces classements de mémoire. Cela exige une grande précision visuelle, que doit aider le choc émotionnel que chaque image produit. L'art soutient la nature en plaçant les mots dans un théâtre : ceux-ci deviennent les acteurs de la pensée. Tout au long de l'histoire, l'art de la mémoire a fait partie de la rhétorique, de l'art du discours. Pour retenir un discours, on utilisait cette méthode.

L'image va jouer un rôle essentiel. Tout le moyen-âge, en référence a la Grèce classique, utilisera cette stratégie. La mémoire est le moyen d'atteindre à l'intelligible par le biais de la sensibilité. Au moyen-âge, la mnémotechnique rationnelle reste sur le principe de l'ordre. À la Renaissance, l'art de la mémoire va devenir un nouveau savoir pour accéder au bien car les Dominicains soulignent l'aspect moral du bien et du mal dont les images mettent en relief les récompenses et les châtiments. On va créer des symboles propres à définir un conditionnement pour mémoriser l'enfer et ses châtiments à l'aide d'images frappantes distribuées selon une série de lieux bien ordonnés. La Scolastique en fit son outil pour créer des routes : une pour le ciel, l'autre pour l'enfer. En concrétisant l'abstrait, l'image accroît son importance aux dépens de la mémoire. Le parallèle avec notre époque est frappant pour qui sait analyser. Cet art va devenir mystique grâce à de grandes figures intellectuelles du moyen-âge et de la Renaissance. Des personnages maniant l'hermétisme et l'occultisme vont faire de l'art de la mémoire un outil imparable face à l'ignorance et aux pouvoirs des puissants : c'est l'internet avant l'ordinateur. GUILLO CAMILLO, homme illustre à son époque, construisit un amphithéâtre secret ou le spectateur serait capable de discourir sur tout avec éloquence (de nos jours, on dirait « avoir de la culture et de la conversation »). Il appelle cet édifice une « âme construite » car le théâtre représente une vision du monde et les images sont dotées de pouvoirs frappant les esprits. Ce théâtre fut construit pour FRANÇOIS 1er dans le plus grand secret. Dans tous les arts de mémoire il était conseillé d'utiliser des univers mentaux bien éclairés, clairement organisés, dans un ordre particulier : plus il y a de pièces, de passages, de niches, mieux c'est. Au XVIe siècle, un tel enchaînement de lieux s'appelait un « Palais de Mémoire » (pensez à votre ordinateur et son système de classement).

Dans la pratique, ces lieux que l'on visualise peuvent être utilisés pour mémoriser des séries ordonnées et une image comme une vignette permet de faire un lien avec ce lieu imaginaire. L'art de la mémoire est l'exercice le plus intellectuel, le plus logique qui existe mobilisant l'entièreté du cerveau qui ressemble à la visualisation, imagerie mentale se différenciant dans la rhétorique au fait d'apprendre par cœur.

Dans le feuilleton télévisé anglais « Sherlock », on assiste à une scène où le dirigeant dangereux d'une entreprise importante explique comment il fait fonctionner son palais de mémoire. Il n'y a pas d'ordinateur, c'est son cerveau, en donnant une pichenette à l'œil, qui crée le déclic pour accéder aux archives de l'entreprise avec précision, ce qui ne manque pas d'épater le détective SHERLOCK et son fidèle WATSON.

Exercice : Créez votre palais de mémoire

Vous pouvez prendre comme modèle votre plan de maison. Il peut aussi s'agir du plan de la cathédrale de Chartres, ou le château de Blois, un lieu que vous pouvez vous approprier mentalement et facilement.

Ensuite vous allez utiliser chaque pièce pour ordonner votre mémoire comme une banque de comptes : dans telle pièce les factures, dans telle autre les impôts, etc. Ce sont des classeurs grandeur nature que vous créez. Si ces éléments ne vous enchantent pas, vous pouvez toujours utiliser la mémorisation à tout autre dessein, pour ce que bon vous semble, par exemple « mes projets de vie dans cette pièce » ou toute autre illustration. Ciblez vos centres d'intérêts et choisissez celui qui stimule votre mémoire…

Exercice 2 :

Dessinez le plan de votre maison d'une façon précise, ensuite visualisez l'ensemble de la maison, on distribue ce que l'on veut retenir dans les pièces choisies comme dans la cuisine, j'apprends des recettes de cuisine, dans ma chambre à coucher, je souhaite retenir des citations on peut aller jusqu'à recopier comme pense-bête les textes que l'on met dans les pièces…

L'important c'est de créer une unité de temps et de lieu, comme au théâtre. Au moyen âge on le faisait avec les églises cathédrales ce qui permettait de retenir les livres sacrés.

Votre dessin…

Exercice 3 :

– la grammaire parle
– la dialectique enseigne
– la rhétorique calme les mots
– l'arithmétique compte
– l'astronomie s'occupe des astres

Trouvez la signification de chaque mot, ensuite créez un texte ou une figure pour tous ces mots que vous ordonnerez dans une histoire, que vous m'enverrez par la poste. N'ayez pas peur d'être prolixe et laissez votre imagination construire cette histoire.

Les sons au cinéma produisent des effets sonores qui ne sont pas liés au réel. Cela rassure le cerveau de mettre un son sur une image. Dans les techniques de bruitage, notre cerveau associe des réponses aux sens. Les terminaisons cortex auditif examinent les sons pour donner du sens aux sens.

Les yeux transforment les cinq sens par une augmentation de présence passive capturée par l'écran de cinéma.

Pour mieux mémoriser et focaliser son attention sur l'élément à mémoriser, il faudra :

– Repérer les informations essentielles à la compréhension,

– Réfléchir et s'interroger sur le sens de l'information (le caractère émotionnel va avoir un impact indéniable sur la coloration du souvenir),

– Retenir ce qui est important émotionnellement pour vous : plus on met d'indices émotionnels, mieux on mémorise. Donc organisez les informations par catégories,

– Créer des associations relatives à des tâches quotidiennes, accomplir ces tâches à heure fixe, en y associant un évènement particulier.

7. RELAXATION ET DÉTENTE

Dans mes autres livres (*Gymnastique du visage*, Éditions LANORE et *Stimulez votre visage par la Faciale-gym*, Éditions CRISTAL), j'ai abordé l'aspect détente, qui est à différencier de la relaxation.

L'état de détente est un état qui nous permet de nous relâcher tout en maintenant une présence positive à soi-même. Globalement, c'est une sensation du moment présent, amplifiée par la conscience d'être bien. Cet état favorise l'imagination, la créativité, l'imagerie mentale. On se réinitialise dans son schéma corporel, en n'ayant pas d'autre objectif que d'être là, dans la présence, sans stress, en contact avec les éléments de la nature, chez soi ou avec des amis.

La relaxation correspond à un ensemble de techniques corporelles s'exerçant autour du niveau tensionnel de la personne et visant à diminuer ou modifier l'activité aussi bien tonique qu'émotionnelle. En *do-in* (méthode japonaise que j'utilise dans certaines séances de relaxation), on parle de « tonification-dispersion », de points de tension, et la décontraction neuro-musculaire aboutit à un tonus de repos, qui est la base même de la détente psychique.

LA RELAXATION DYNAMIQUE ET LE MOUVEMENT SENSORIEL INTÉGRATIF M.S.I.

Les techniques de relaxation visent globalement à une réduction du stress, le stress étant le parasitage du système nerveux et des grands systèmes du corps. Ces méthodes visent à libérer les tensions et les blocages, tant au niveau physique, physiologique, que psychologique. La santé physique émotionnelle a été mesurée et des corrélations ont été établies entre les niveaux de stress et la réduction de bien-être. Ces techniques de relaxation peuvent agir aussi sur certaines douleurs. C'est une véritable approche éducative du fonctionnement que je propose autour d'ateliers ludiques et apaisants.

En plus de ces séances de relaxation, sont proposées des séances de gymnastique faciale.

Ces séances apportent un apaisement immédiat réduisant le stress, à l'aide de mouvements musculaires, de gymnastique oculaire, tapotements, lissages, pincements, pétrissages, le huit énergétique. Elles vont avoir une action significative sur le rajeunissement de la peau, ainsi qu'une réduction du parasitage, source de perte de mémoire. La relaxation inscrite dans le mouvement sensoriel intégratif apporte joie, détente et sérénité. Elle est un art de vivre au quotidien.

Exercices :

1) Debout, serrez les poings en inspirant. Lâchez les poings en ouvrant les mains en direction du sol, trois fois de suite. Ensuite, en serrant les points, vous levez la pointe des pieds, inspirez en même temps. Relâchement, vous ouvrez les poings-pieds-sol. TROIS FOIS.

2) Balancements, en position debout. Passez votre poids du côté droit au côté gauche, ensuite exagérez le mouvement jusqu'à ce que la tête bascule à droite et gauche. Sentez bien la partie contraire du corps s'allonger lorsque vous faites le mouvement.

3) Crispez tous les muscles du corps en effectuant une magnifique grimace, le corps tendu au maximum. Puis lâchez. Cet exercice peut être effectué dans son lit, pour s'endormir plus facilement après une douche froide. Avant de vous coucher vous améliorerez la qualité de votre sommeil et de votre mémoire qui dépend de la qualité du sommeil.

4) La *bio-énergie* pour se débarrasser d'un stress.

C'est une approche millénaire qui est apparue en occident grâce à l'école de Palo Alto dans les années 70. « C'est un véritable chaudron de tout ce qui a imprimé la transformation de notre monde au niveau du développement personnel », dit ALEXANDER LOWEN). En fait, c'est une méthode de libération des blocages corporels qui permet de rétablir la vibration originelle de l'être.

Cette technique accroît la communicabilité de l'ADN, ce qui permet et facilite une régénération des tissus, des organes et autres fonctions corporelles et psychiques, de même qu'un échange d'informations avec le cerveau, ce qui favorise les connexions cérébrales et améliore la mémoire. Cette méthode se pratique notamment à Bali et l'on trouve beaucoup de pratiquants dans le monde entier :

– Dans une tenue décontractée, laissez votre corps s'agiter comme un pantin vibratoire, comme si vous deveniez une marionnette. Certaines émotions peuvent se libérer, accueillez ce qui se passe ! Démarrez par un quart d'heure et ensuite augmentez le temps jusqu'à 1h, voire 2h. Certains groupes pratiquent une journée entière, avec des pauses. Le corps est comme un pantin : c'est comme si on laissait tomber le contrôle de nos masques, de nos rôles, et que le système nerveux prenait le relais, pour le plus grand plaisir du corps. Les émotions remontant, on peut se mettre à rire, à pleurer, à hurler… C'est comme une transe de tout le théâtre émotionnel qui est en nous. À l'époque, on pouvait assister d'une façon spontanée, sur les plages de GOA en Inde, à des transes et danses techno, organisées par des jeunes gens du monde entier (manifestations interdites à l'heure actuelle, où l'on demande aux « toffeurs » de mettre des casques sur les oreilles). Ensuite buvez de l'eau, nagez, écrivez avec sincérité tout ce qui s'est dégagé.

Ces exercices, par leurs réponses physiologiques, s'opposent directement à ce que déclenche le stress, lorsque celui-ci provoque une vasoconstriction, une accélération du système cardio-vasculaire ou de la respiration, comme si le corps était prêt pour l'attaque. Les mouvements corporels donnent une autre réponse, une vasodilatation des tissus, avec augmentation de la température de la peau, un abaissement de la tension artérielle et de la tension musculaire. Ils freinent la production de cortisol, augmentent la sérotonine, la dopamine « hormones du bien-être du Neuro-Bonheur », comme le souligne une amie qui éduque le goût (Véronique Anastasie, voir sur la fiche « goût »). L'esprit est plus calme, il comprend mieux la situation, ne se laisse pas embarquer dans le parasitage, maîtrise le sujet en état de relaxation, peut percevoir et objectiver cette détente accrue qui se traduit par des sensations corporelles de bien-être, car la réponse de la relaxation s'accompagne d'une présence à soi accrue, une meilleure perception de l'image du corps. L'esprit est prêt à mémoriser plus facilement et la musique peut aider et permettre d'accentuer cette présence à soi.

Des méthodes utilisant l'induction, comme en hypnose et sophrologie, peuvent être utilisées pour renforcer ce que l'on souhaite retenir :

Apprendre un texte, une chanson, une poésie.

Enregistrez-vous à l'aide d'un dictaphone en lisant un texte. Ensuite repassez ce texte en le récitant, déclamez, chantez, dites. Vous serez surpris(e) par l'exploit de votre mémoire. Vous pouvez aussi utiliser une musique lors de l'enregistrement.

Démarrez par une chanson, puis augmentez la complexité. Notez sur votre cahier la difficulté ou la facilité avec laquelle vous apprenez.

Dans sa *Suggestopédie*, méthode d'assimilation des langues par la relaxation, le professeur LOZANOF, véritable modèle de la plasticité cérébrale (il parlait lui-même une quarantaine de langues), affirme que l'on peut apprendre une langue dans la détente. Une autre méthode, dérivée des travaux du professeur Tomatis, propose des séances qui préparent l'oreille par la fréquence de la langue, sachant que le français est très bas en onde. On peut mieux comprendre les difficultés qu'ont eu les Français avec l'apprentissage des langues, bien que les jeunes générations aient moins de problèmes et bien plus de chances de partager différentes langues.

Lorsque j'étais en poste de 1993 à 2000, j'avais beaucoup de stagiaires en saison, car le remplissage et la fréquentation de la station étaient plus importants en été. Je choisissais donc des stagiaires de langues étrangères appliquées (L.E.A.).

Les jeunes gens venant de cette filière étaient ceux qui s'adaptaient le mieux, grâce à la polyvalence des activités proposées dans le cadre des animations offertes à la clientèle de remise en forme. Ils avaient une plasticité d'apprentissage étonnante, ce qui leur permettait une réelle ouverture sur le monde, sur le public.

8. FONCTION COGNITIVE DE LA MÉMOIRE

La mémoire est la fonction cognitive la plus largement sollicitée dans la plupart de nos actes.

Elle intervient pour enregistrer ou rappeler des informations aussi diverses qu'un numéro de téléphone, ce que l'on a fait le week-end dernier, où on a rangé nos clés, etc.

Elle participe à d'autres actions cognitives telles que la lecture, le raisonnement, le calcul mental, la création d'images mentales.

Elle crée un stock de connaissances sur notre environnement culturel et nos souvenirs personnels.

Elle nous permet de focaliser notre attention sur les éléments à mémoriser grâce à la concentration, ce qui va nous permettre de récupérer les informations essentielles à la compréhension d'un texte, de réfléchir et de nous interroger sur le sens de l'information.

La compréhension, le stockage de cette information et l'approche émotionnelle va être fondamentale, déterminant, par la nature des émotions, ce qui est valable à notre sens.

Plus on crée d'ancrages émotionnels, mieux on mémorise grâce aux cinq sens. C'est une véritable alchimie, une carte du territoire qui s'établit et qui va, en fonction des secteurs, inscrire des relations complexes afin de créer des associations.

Nous verrons dans ce livre comment optimiser au mieux ces connexions pour pouvoir appréhender le réel et nous y plonger.

Ce livre ne sera pas une méthode pour vous faire aller de l'avant comme une performance du cerveau gauche, il est plutôt l'éloge du sur-place et va tenter d'expliquer comment on fonctionne en essayant de développer la présence a soi plutôt que les peurs engendrées par des systèmes qui nous font croire que « si on ne sert a rien, on n'est rien ! » Les nouvelles technologies nous font oublier que la vie existait avant de se connecter, que l'histoire est plus ancienne que le passage dans les techno-sciences. Or plus on développera la technologie, plus on perdra un certain type de mémoire.

C'est l'évolution/involution, la *rêve... olution* !

Peu importe, nous sommes dans ce même bateau, un Titanic… Pour ma part je choisis la joie comme moteur naturel et la vie pour me lier à mes semblables.

Des ateliers dans cet esprit seront organisés à Paris et en région, dans le but de mettre en œuvre ce nouveau paradoxe lié au « créatif culturel », ou « ré-créatif culturel », qui reprendront la fameuse phrase d'introduction de Georges Perec :

« JE ME SOUVIENS ! »

À travers les cinq sens nous percevons un monde qui correspond à ce que nous en percevons, c'est-à-dire à nos limites imposées par le contexte géographique, historique et socioculturel. Nos incompréhensions sont établies comme certitudes et notre histoire personnelle intervient dans nos croyances : nous ne maîtrisons pas le fil de notre hérédité mais nous pouvons devenir conscients de la culture qui appartient au groupe dans lequel nous baignons, conscients de nos conditionnements et de la couleur de l'interprétation qui influencent le médium que sont nos sens.

Une expérience scientifique a été établie, prouvant que lorsque l'on projette à des personnes le film d'un accident de la circulation puis qu'on les interroge sur ce qu'ils ont vu, les mots utilisés (« heurter », « toucher », « fracasser ») ont exercé une influence indéniable sur les témoins oculaires. Selon la vitesse ou les détails de l'accident, chacun y va de son interprétation…

Lorsque les forces de l'ordre essaient de reconstituer un évènement, on comprend mieux la difficulté de restituer les faits d'une façon objective et l'on se rend compte à quel point le choix des mots est important pour traduire un sentiment.

9. LES 12 SECTEURS DE DÉVELOPPEMENT DE LA MÉMOIRE

À l'aide de ces douze secteurs, nous avons une vision globale du champ de la mémoire et de son application dans le quotidien. Nous utiliserons les 12 travaux d'Hercule comme analogie et système visuel de mémorisation en utilisant des vignettes.

Nous aborderons les thèmes comme une histoire, un dépassement de nous-mêmes ou juste une vision plus large du réel, conditionné par notre point de vue.

1. Le lion de Némée

Développement des facultés d'attention.
Maintien de l'attention.
Exercices de concentration.

Le LION symbolise le courage la vaillance. Ici nous sommes dans le cas de l'inversion des valeurs car le lion ravage la région, tue, met la terreur. Donc Hercule va confronter sa valeur et son courage qu'il met dans l'action de ses travaux. C'est le pouvoir de se confronter à soi-même pour accepter de grandir. C'est la confrontation à sa force.

Nous avons le sentiment que plus on a d'informations, moins on les retient.

Il semble donc important de savoir sélectionner les supports entre la publicité – qui occupe parfois à notre insu une grande part de captation –, la télévision ou d'autres sources comme la radio, le livre, les échanges entre personnes, les techno-sciences, prothèses désirantes (« machines désirantes » selon le philosophe Deleuze) : téléphones portables, ordinateurs, tablettes android. C'est comme un bombardement d'informations qu'on ne pourrait plus classer, plus évaluer, plus juger, un vide-grenier de la mémoire où il faut remplir, informer… Il y a surenchère de l'information au détriment de la mémoire, que le *mind mapping* nous aidera à classer, à organiser selon une logique interne.

Concentration.

Dans le mot concentration y a l'idée de focalisation : je fais un focus sur un sujet sans rien d'autre autour.

Dans l'attention il y a comme un effet contraire, une présence globale qui capte, une captation des cinq sens qui mesure l'environnement, une personne ou un évènement. Le cerveau va fonctionner plus globalement, le travail corporel renforce cette attention, la méditation favorise pleinement ce travail. Les deux sont liés, comme le focus d'un appareil photo.

Exercice :

Cet exercice peut durer 45 mn.

Munissez-vous de votre cahier, lisez la liste de mots à voix haute, faites-le avec des amis.

– Restituez sur votre feuille le nombre de mots retenus, même dans le désordre, sans voir la liste, bien évidemment. Vous pouvez prendre un réveil.

– Cachez la liste de la colonne 1, reconstituez la colonne 2 à voix haute par les abréviations, cachez la colonne et faites la colonne 3. Ensuite, en ayant caché les autres colonnes, essayez de retrouver les mots en vrac de la colonne 4.

1	2	3	4
PHARMACIE	PHMC	PHM	BCL
ESCARGOT	ESC	ES	DF
CHAUMIÈRE	CHMR	CH	PP
PISCINE	PISC	PSC	CTB
CHEMISE	CHMI	CMI	PHM
ÉLÉPHANT	ELEPH	EPH	PSC
CEINTURON	CEINT	CTR	BT
SOLEIL	SOL	SL	ES
BRACELET	BRCL	BCL	ARM
AGENDA	AGD	AD	CN
DENTIFRICE	DTF	DF	CH
ALLUMETTE	ALLU	AL	PTS
BOUTEILLE	BTLLE	BT	CSN
PAPIER	PPR	PP	CMI
CARTABLE	CTBL	CTB	AD
CORNICHON	CNCH	CN	BR
CUISINE	CUIS	CSN	AL
ARMOIRE	ARMR	ARM	CTR
PÂTISSERIE	PTSS	PTS	SL
BROSSE	BRSS	BR	EPH

Terminez l'exercice précédent par cet exercice à faire chaque jour :

Allumez une bougie, concentrez votre regard sur la flamme. Les yeux sont ouverts ou semi-ouverts.

5 mn au départ, augmentez le lendemain à 10 mn, puis 15 mn, 20 mn, etc. de jour en jour.

Cet exercice va apporter concentration, calme et détente.

Terminez par un balancement de la tête : gauche, droite, en rythmant un balancement d'avant en arrière.

Effectuez une dizaine de balancements, mettez devant vos yeux un numéro de téléphone que vous souhaitez mémoriser, fermez les yeux ouvrez les yeux.

EXEMPLE : 0687339260. Inscrivez le numéro au feutre bleu sur une feuille format A3.

Les balancements et la mémoire :

Les balancements ont été utilisés dans toutes les traditions. Ils favorisent la respiration tissulaire, les échanges vitaux sont améliorés, le liquide céphalo-rachidien agit sur le rythme pulsatif du fluide cérébro-spinal dans la boîte crânienne. Ces mouvements de la tête éliminent les toxines, redynamisent le flux sanguin, la mémoire est activée.

Les religieux de différentes religions utilisent ces mouvements pour mémoriser les textes sacrés.

2. L'Hydre de Lerne

Avoir une attitude consciente face à notre environnement. Il s'agit de re-contextualiser les faits et les évènements.

L'HYDRE de LERNE représente les sept péchés capitaux. Ce sont les désirs multipliés, les vices entretenus par l'imagination, l'exaltation des désirs non maîtrisés. Ce travail représente la maîtrise dans sa vie en coupant la tête au superflu pour aller à l'essentiel. Cela peut être aussi une version de ce que l'on appelle la dispersion. Aller vers le chemin de l'unité… L'Hydre symbole des vices et devra être cautérisé par le flambeau, purification sublime.

L'attitude consciente de notre environnement.

Maintien en éveil de la curiosité d'esprit face à notre environnement, aux noms, aux événements afin de développer une dynamique de la mémoire.

La revue de presse, durée 1 à 2h :

La mémoire est une utilisation curieuse du monde dans lequel nous sommes. Donc vous allez acheter un journal que vous n'avez pas l'habitude de lire.

En lisant l'actualité et les articles (le Monde Diplomatique est un bon exemple mais d'autres journaux feront l'affaire), vous allez noter sur votre cahier le titre des articles, le nom des dirigeants cités, les endroits concernés (exemple l'Ukraine, l'histoire, la constitution de l'Ukraine, le Mali etc.), l'important étant votre recherche, votre intérêt, les nouveaux mots.

– Évoquez les différents faits politiques, artistiques ou de société.

– Situez sur une carte le pays, continent, ville, capitale, histoire du pays

Exercice de recentrage :

Fermez les yeux, visualisez, situez votre ville, votre village, la capitale de votre région, de votre pays, le territoire de votre pays, l'Europe, les autres continents.

Repérez les lieux qui ont été cités, comme le ferait un vol de cigognes, exemple l'Ukraine qui fait partie de l'actualité. Ensuite respirez à plusieurs reprises en observant l'ampleur des pays, des continents, puis revenez à votre pays, votre capitale, votre ville ou village, votre maison, votre corps. Comme disait un philosophe, « nous sommes le monde ».

Cet exercice le prouve.

3. Capturer le sanglier d'Érymanthe

Évocation et L'association.
Développement des images associées aux informations que nous souhaitons mémoriser pour leur donner des liens de résonance.

LE SANGLIER D'ÉRYMANTHE représente la hardiesse. Le sanglier est le symbole de la manifestation spirituelle cachée. S'en emparer, c'est détenir le pouvoir spirituel sur le monde, c'est dominer sa nature de porc de la débauche effrénée, c'est être souverain de ces 5 sens dans le rapport spirituel de maîtrise de sa vie.

Le pouvoir évocateur est la mobilisation des sens qui se souviennent de détails en mettant en jeu des mécanismes complexes de mémorisation d'une façon subtile.

Nous allons retenir un parfum, une odeur, un objet, un goût, un bruit, une musique, parfois un mot, une phrase de poésie, grâce à l'association.

Nous allons établir des liens qui nous sont propres et qui créent un lien associé à des images, des sons, des évocations, des visages.

Décrivez une histoire à l'aide d'un des travaux d'Hercule, capturez le sanglier d'Érymanthe, créez cette histoire en inventant des liens, des évocations, des situations vécues ou pas. L'association est un moyen mnémotechnique de retenir, en associant un élément avec un autre, sans que le lien soit évident de prime abord.

Pour retenir un numéro de téléphone : lors d'une conférence, une cliente m'a confié qu'elle avait des difficultés à mémoriser son numéro de téléphone.

– Regardez le numéro de téléphone que vous souhaitez retenir…

– Fermez les yeux essayez de voir chaque chiffre.

– Faites-le 5 fois.

– Ensuite battez des cils très rapidement en comptant 72 fois.

– Restituer votre numéro.

Exercice :

Pour retenir un numéro de téléphone :

Une autre façon est d'associer chaque couple de chiffre à un département (ex : 06 ALPES MARITIMES), puis d'associer chaque couple de chiffres à un symbole (ex : le 06 = un parasol de la plage de la côte d'azur).

Vous verrez vous n'oublierez plus un numéro de portable.

4. La biche de Ceyrinie

Imagination et visualisation.
Apprendre à créer des images, des évocations, des expressions verbales liées aux éléments que nous souhaitons mémoriser, afin de favoriser l'imprégnation et le stockage de cette même information.

LA BICHE AUX CORNES D'OR ET SABOTS D'AIRAIN, c'est la subtilité du féminin, l'âme qui est représentée par la biche. Les cornes d'or représentent l'initié du pays hyperboréen, les sabots d'airain le rapport a la terre. C'est la sublimation de la terre vers le ciel, l'intuition qui utilise la force féminine, pour manifester le sensible sur terre. Hercule la prendra sur ses épaules. Savoir sublimer ses désirs terrestres signifie éviter l'enfermement des passions. C'est le féminin sacré. L'image est la patiente pour maîtriser la finesse et la sensibilité sublime.

L'imagination est proche de l'association d'images, elle libère le principe de créativité car elle nous permet de nous mettre à la place de l'autre, de comprendre des relations subtiles entre les mondes. Elle a été de tout temps la vertu des artistes, négativement elle peut influencer nos humeurs et nos interprétations. Nous fantasmons. Elle utilise les éléments du réel qui servent à alimenter le négatif positivement. Elle apporte une réponse nouvelle, une combinaison qui n'existait pas. Elle est reliée au principe de création d'images.

Regardez la liste des objets, ensuite cachez cette liste. Reconstituez cette liste d'objets un par un en décrivant la forme, l'utilité, etc.

La visualisation est le pendant de l'imagerie mentale :

Exercice :

Fermez les yeux, voyez une plage, la mer, le ciel bleu, les odeurs. Sentez le sable sous vos pieds, visualisez chaque détail que vous avez en mémoire. Ces éléments donnent corps à votre souvenir.

5. Les oiseaux du lac de Stymphale

Structurer le réel.
Observer, voir, écouter, sentir
afin de donner du sens à nos perceptions.
Élocution structurée à partir
de notre perception des 5 sens.

LES OISEAUX DU LAC DE STYMPHALE sont les désirs faussés par l'ego qui cherche à s'affirmer en faisant les dégâts que le monde engrange et qui mènent à la guerre. Ce sont les fausses motivations qui tuent. Elles sont liées au métal, aux pics, par le bruit des cymbales. C'est comme si Hercule se hissait au-dessus de leur bruit pour les effrayer, c'est écarter les peurs des armes pour s'écouter, pour harmoniser les désirs.

Exercice :

– Regardez une émission de télévision de votre choix ou un film. Notez après coup ce qui s'est déroulé, le titre du film, l'intrigue, les héros, les acteurs, à quoi vous renvoie ce film ou cette émission. Que retenez-vous ?

– Apprenez à tout noter. Un médecin travaillant la mémoire enseigne aux jeunes de passer par l'écrit pour structurer leurs pensées. Il préconise le retour du stylo pour être actif face au flot d'images et d'informations qui nous rendent spectateur et force notre cerveau à créer des connexions neuronales.

- Revue de presse : composition du gouvernement, ministres, secrétaires d'état, sous-secrétaires.

– Évoquez oralement les faits de l'actualité politique en France dans le monde, ceci peut se faire à plusieurs. Situez sur une carte les pays concernés, l'Ukraine par exemple ou le Mali.

- Mémoire verbale :

Apprendre une poésie, une chanson.
Exemple de chanson : « *Ma mer* » de THELMA.

- Mémoire associative :

Regardez ces couples d'éléments pendant une minute. Montrez une seule colonne en cachant l'autre avec un papier. Vous avez une minute pour recréer le couple d'éléments.

6. Le taureau du roi de Crète

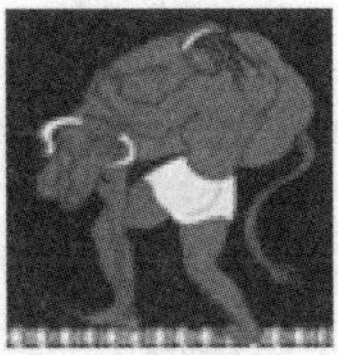

Lâcher au lieu de vouloir retenir à tout prix.
Relaxation et aisance cérébrale, cerveau gauche cerveau droit mind mapping.

Avec le TAUREAU DE CRÈTE, lié au roi MINOS, c'est la maîtrise des passions, maîtrise des pulsions animales. En soi c'est dépasser ses passions, ses obsessions, ses désirs multiples, pour accéder au désir essentiel correspondant à l'élan de vie, l'élan vital qui définit l'empreinte que nous laissons dans cette vie.

La fluidité c'est d'être à l'aise avec les stratégies que nous avons mises en place, l'aisance cérébrale c'est d'avoir une stratégie applicable à son réel. Faire travailler les différents hémisphères du cerveau est la piste pour désenkyster, décristalliser les croyances que nous avons sur tout.

Le vocabulaire :

Acquérir du vocabulaire est nécessaire pour exprimer nos idées, nos opinions.

Prenez le journal, trouvez dix mots que vous ne connaissez pas. Si c'est trop facile, prenez un magazine de philosophie et faites la même chose.

Exercice:

Pour l'équilibre des hémisphères, dessinez un huit (lemniscate) au crayon d'une façon horizontale.

Mimez ce mouvement de vague avec les deux mains devant vous horizontalement puis augmentez le mouvement.

Ensuite partez de la racine du front, à la hauteur des cheveux, descendez en dessinant un huit qui se croise au nombril, puis changez de main.

Ces exercices sont d'une efficacité incroyable pour apaiser notre cerveau gauche et établir un lien d'équilibre entre ces deux cerveaux.

7. Les juments de Diomède

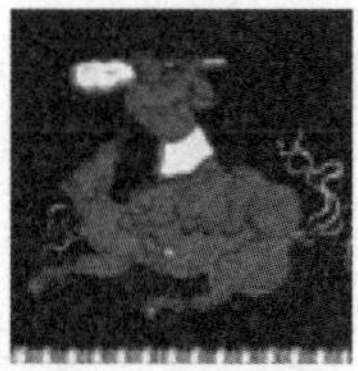

Apprentissage, lecture rapide, mind mapping, travail corporel, mémorisation des chiffres, des nombres, des noms, des visages, des listes de mots. C'est L'ART DE LA MÉMOIRE et son application dans le quotidien.

LES JUMENTS DE DIOMÈDE. Pour aller au-delà de ses passions et transformer sa nature perverse, Hercule va donner en pâture Diomède leur maître, qui symbolise la cruauté. Les chevaux représentent l'impétuosité et la perversité qui dévorent l'homme.

Les outils:

- Le *mind mapping*: la carte de votre cerveau.

Trouvez un mur libre dans votre appartement, mettez une grande feuille de papier. Sur ce papier – qui peut être un vieux rouleau de papier peint à l'envers – vous allez noter, dessiner, coller votre univers, vos priorités, vos rendez-vous, vos objectifs et buts. Plus ils seront à votre image, plus vous vous autoriserez de fantaisie et plus vous structurerez votre adaptation à votre réel. Cette méthode est utilisée en entreprise pour libérer des problèmes, pour organiser et manager les équipes.

Conduire les projets, construire vos valeurs, mobiliser les forces du changement, renforcer vos atouts, contribue à aimer ce que vous faites dans votre vie et piloter vos projets.

Fédérer les moyens humains financiers, associer les partenaires, amis, famille. Ajuster entre ce que vous souhaitez faire et le réel, le rêve et la réalité, comprendre et être compris, tout est possible.

Je vous invite à noter vos rendez-vous au feutre en écrivant gros et en couleurs. Vos objectifs dans une case ou un cercle, vos priorités. La priorité des priorités : utilisez votre fantaisie pour dessiner un tableau grandeur nature. Ce genre d'exercice vous aidera à prendre les bonnes décisions et à mettre de l'ordre dans vos idées, dans vos priorités, vos souhaits et vos désirs. Amusez-vous à le faire, vous allez voir combien cela simplifie la vie.

Exercice :

La lecture rapide :

D'après les spécialistes du cerveau, nous retenons et surtout reconnaissons la première et la dernière lettre d'un mot. Notre esprit photographie plus vite qu'il n'énonce les mots lettre par lettre (c'est une technique d'apprentissage à l'école).

Cette technique de lecture « en diagonale », utilisée par les journalistes et par les universitaires, permet de mémoriser plus facilement, plus rapidement, les données d'un document, d'un livre.

8. La ceinture d'Hyppolite

Tout est mémoire. C'est notre attitude qui fait la différence, nos centres d'intérêts, notre apprentissage de nouveaux mots, notre revue de presse.

S'emparer de LA CEINTURE D'HYPPOLITE c'est combattre les amazones et leur désir de tuer. Tueuses d'hommes, elles figurent symboliquement l'opposition au yang, représentée par l'homme : c'est la résistance à l'élan spirituel lié au principe d'équilibre. La rivalité épuise la force de l'âme qui cherche à manifester d'autres qualités.

Exercice :
(Créer son palais de mémoire)

Vous l'avez bien compris : tout est mémoire. Tous les supports vont donc être nécessaires pour stimuler votre mémoire.

– Le corps, par ses sensations et ses perceptions.

– Le raisonnement, la logique, la curiosité à aller chercher l'information.

– L'imagination, l'imagerie mentale, la visualisation.

– Le rééquilibrage des deux hémisphères, les huit.

– La restitution, la fluidité cérébrale, l'aisance cérébrale, parler en public.

– L'écriture, le dessin.

– La concentration, la méditation, la relaxation.

– Vous regarderez l'histoire que vous avez tissée avec les travaux d'Hercule et mémoriserez les vignettes que vous pourrez associer avec votre « palais mental ».

9. Les écuries d'Augias

Varier les plaisirs. Les supports-presse, la télévision, les radios, internet, les conférences, les rencontres.

Dans LES ÉCURIES D'AUGIAS, Hercule doit nettoyer les écuries du roi, écuries comportant 3 000 bœufs, la saleté, le fumier qui encombre le lieu. Le symbole est le subconscient, déformation du réel par nos croyances que nous édifions comme réalité. Le défi d'Hercule : nettoyer en un jour ces écuries. Il y arrive en détournant deux fleuves mais pour retrouver la fluidité, le nettoyage intérieur est nécessaire. Oublier est nécessaire car nous ne pouvons tout retenir. Purifier l'âme et le subconscient, c'est abandonner l'ancien pour faire peau neuve, renaître dans un ordre naturel, et la propreté apparaît comme l'eau qui coule des fleuves.

La variété. Plus on fait le ménage des éléments du passé qui nous parasitent, plus on est dispersé dans le mauvais sens du terme. Faire le ménage en soi, c'est se mettre à l'écoute de l'ESSENTIEL, c'est cadrer ses priorités, hiérarchiser ses priorités, ses tâches essentielles, pour avancer et continuer à avoir des projets.

Le grand nettoyage est un nettoyage psychique se référant à la façon de se ré-aligner sur son être – comme on dirait actuellement – et non pas sur une fausse construction de soi qui engendre l'illusion. Ce mythe incarne la recherche de la vérité et d'abord de tout remettre en ordre avant de vouloir atteindre quoi que soit. Le nettoyage de fond en comble est nécessaire pour la fluidité des fleuves, des liquides, du corps, des « humeurs ». C'est comme une diète, une sobriété heureuse.

Exercice:

Visualisez un nuage de couleur. Dans la position la plus confortable, prenez conscience de l'ensemble de votre corps, tête, visage, globes oculaires. J'inspire, je renouvelle l'air, j'expire, je régénère.

Visualisez au-dessus de votre tête un nuage que vous allez mentalement colorier.

Revenez toujours à la couleur blanche entre les choix de couleurs.

Ensuite, quand le nuage est présent, vous vous laissez envelopper de la tête jusqu'aux pieds.

Vous baignez dans un nuage qui s'imprègne jusque dans vos cellules.

Vous tapotez la tête et le visage avec vos doigts qui font disparaître le nuage.

10. Les bœufs de Geryon

Expression orale et aisance.
Lire à voix haute avec fluidité.

Dans LES BŒUFS DE GERYON, Hercule s'attaque à Geryon, monstre à trois corps gardé par un chien à trois têtes. Ce travail correspond aux trois formes de perversité : vanité, débauche et domination.

Vocabulaire et fluence verbale :

Enrichir son vocabulaire est une façon d'enrichir ses impressions du monde qui nous entoure. Il lutte contre la pauvreté engendrée par les images, par un flot continuel d'images que nous absorbons sans discernement. On pensait d'une façon traditionnelle que le fait de nommer était un acte magique qui faisait exister les choses, les objets, les corps et les êtres. Au lieu de cela nous allons enrichir notre carte du territoire. Lire est le meilleur moyen d'enrichir notre vocabulaire et la lecture rapide peut nous y aider.

Exercice :

Prenez un livre, notez les mots, les adjectifs que vous ne connaissez pas, réutilisez les mots dans des phrases habituelles. Faites le même exercice avec le journal (Le Monde ou Courrier International), notez les mots que vous ne connaissez pas, réutilisez ces mots dans des phrases. Le pari c'est de les restituer dans une conversation le jour même ou le lendemain.

Le support d'image peut être intéressant sur Youtube : tapez par exemple l'auteur Jankélévitch, auteur et philosophe. Un style à l'ancienne ou la rhétorique faisait partie de l'apprentissage.

Acquisition de vocabulaire :

– Nombre de mots, d'adjectifs
– Nombre de noms propres.

11. Les pommes d'or du jardin des Hespérides

Éviter la perte d'information.
Ré-initiatiliser ce que vous avez appris,
stocker durablement, ancrer.

Dans LES POMMES D'OR DU JARDIN DES HESPÉRIDES, la pomme est le symbole de la terre, des désirs terrestres. L'or est la sublimation. Il ira jusqu'à l'autre bout du monde après avoir débarrassé le jardin d'un monstre à 100 têtes qu'il tua d'une seule flèche. C'est l'image d'un paradis sur terre, une ébauche de la félicité, représentée par le mythe d'Adam et Ève. Mais il reste une épreuve…

En PNL (Programmation Neuro Linguistique), en Hypnose ou en Sophrologie, on parle d'ANCRAGE. Ces ancrages sont des signes corporels ou linguistiques qui nous permettent de mémoriser, de valider l'instant présent, un peu comme sur internet lorsque l'on sauvegarde pour éviter la perte des informations.

Exercice :

Joindre les trois doigts (pouce, index, majeur) de chaque main et utilisez-les dès que vous avez besoin d'être plus présent, de mémoriser.

Le problème c'est que nous sommes absents de nous-mêmes. Ces rappels à soi, ces recentrages nous évitent de nous diluer dans des situations ou dans des rencontres entre amis.

CELA PASSE PAR LE CORPS.

12. Le chien Cerbère

Savoir restituer, re-contextualiser ce que l'on cherche à retenir, à communiquer, se mettre des repérages, des balises pour faire un plan.

Hercule dompte CERBÈRE, le chien aux trois têtes : trois vices manifestés par trois têtes. Cerbère est le gardien des enfers, du Tartare. Hercule ramène le chien et ressort vainqueur des enfers. Maîtriser l'ombre, c'est maîtriser ses faiblesses. Le héros termine ses travaux par cette descente aux enfers, mythe que l'on retrouve dans le mythe d'ORPHÉE et dans le Christianisme.

Le but est de descendre en soi pour vaincre CERBÈRE.

Le Cerbère et l'Hydre sont deux créatures de la mythologie Grecque mais que l'on retrouve immanquablement dans la mythologie romaine (phénomène courant chez des peuples qui se côtoient ou sont en relation, commerce, guerre etc.)

L'Hydre (de Lerne) fait partie des 12 travaux d'Héraclès. (Hercule dans la Rome antique).

Le Cerbère est le frère de Chimère, de l'Hydre et du Lion de Némée).

Le Cerbère est le gardien de la porte des Enfers empêchant les morts de s'enfuir. Pour arriver jusqu'à lui, les défunts doivent emprunter le fleuve Styx en compagnie du Passeur Charon. Charon est le gardien de l'une des rives du fleuve, Cerbère celui de l'autre.

En réalité le Cerbère n'est pas un monstre que l'on doit vaincre. Il n'a pas de connotation négative. Il n'est que le gardien et celui qui nous retiendrait de faire demi-tour (ou nous dissuaderait d'entrer). Il nous pousserait à nous dépasser face à la bataille contre nos propres défauts (ce que l'on doit vaincre) et à y être préparé.

C'est peut-être tiré par les cheveux, mais cette notion de dépassement de soi se retrouve par exemple dans le mythe d'Orphée et Eurydice. Les dieux grecs prenant toujours un malin plaisir à tester la nature humaine : Orphée, encore humain descend aux Enfers pour aller chercher sa femme décédée, il parvient à tromper le gardien, mais au retour on le prévient que si jamais il se retourne pour regarder derrière lui, sa femme restera à jamais prisonnière en Enfers (épreuve de la confiance). En remontant vers la surface, Orphée n'entendant pas son épouse le suivre, fini par se retourner.

Le Cerbère, de par son image de monstre effrayant à trois têtes, n'est que l'un des subterfuges visant à tester la nature de l'homme. On retrouve dans le christianisme cette descente en enfer, aussi avec Hiram dans le temple de SALOMON. On est donc sur un symbole universel disant que pour monter il faut savoir descendre.

10. LES CINQ SENS

La vue, l'ouïe, le goût, l'odorat et le toucher

À chaque sens correspond un organe.

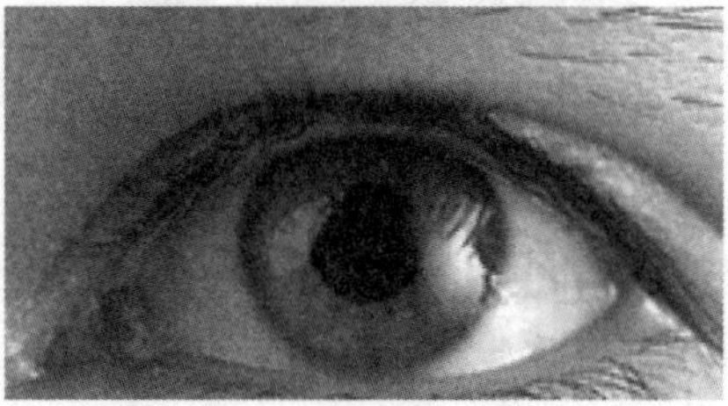

L'œil est l'organe de la vue.

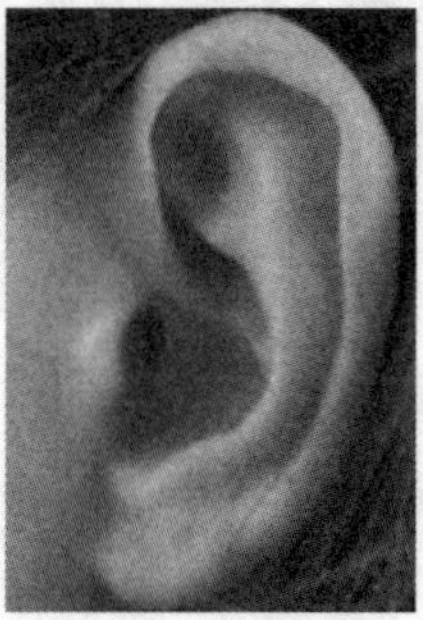

L'oreille est l'organe de l'ouïe.

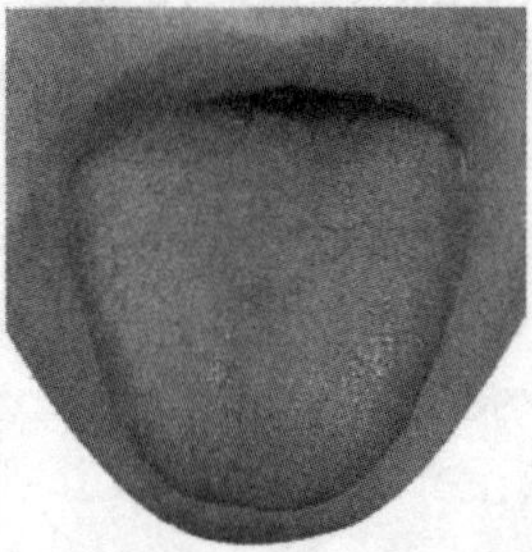

La langue est l'organe du goût.

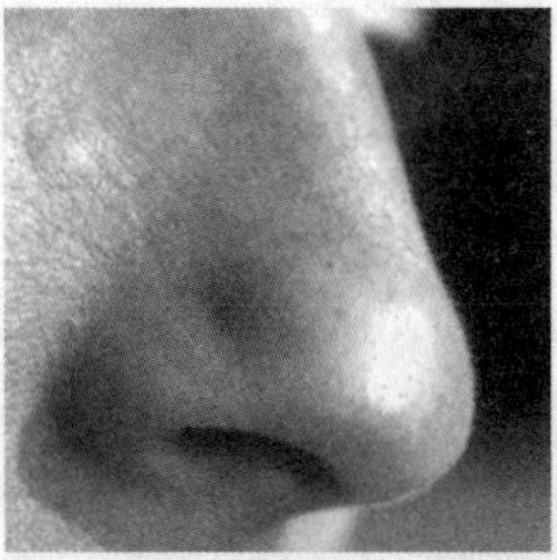

Le nez est l'organe de l'odorat.

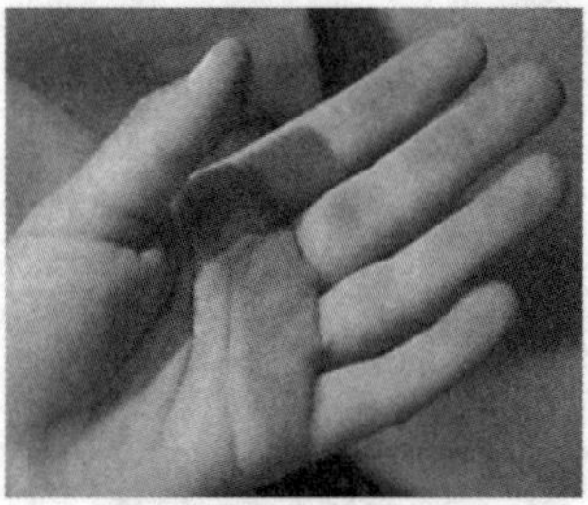

La peau est l'organe du toucher.

Avec les yeux, on peut voir les formes et les couleurs.

Avec les oreilles, on entend les bruits.

Avec le nez, on sent les odeurs, les bonnes odeurs… et les mauvaises odeurs.

Avec la langue, on reconnaît le goût des aliments : le sucré, le salé, l'amer et l'acide.

Avec la peau, on sent le chaud, le froid, le dur, le mou, le doux, le rugueux…

La vue

L'œil est l'organe de la vue.

Il est composé de plusieurs éléments :

– la cornée, transparente, protège l'œil

– l'iris donne à l'œil sa couleur

– la pupille s'ouvre et se referme selon l'intensité de la lumière

– le cristallin, transparent, règle la netteté de la vision

– la rétine, membrane sensible à la lumière située au fond de l'œil, reçoit les images et les envoie au nerf optique.

Comment voit-on ?

L'image traverse la pupille puis le cristallin et se forme sur la rétine.

Le nerf optique transmet l'image au cerveau. Chaque œil fonctionne comme une caméra qui projetterait des images dans le cerveau. Les muscles de l'œil permettent de bouger l'œil vers le haut, le bas, la droite, la gauche…

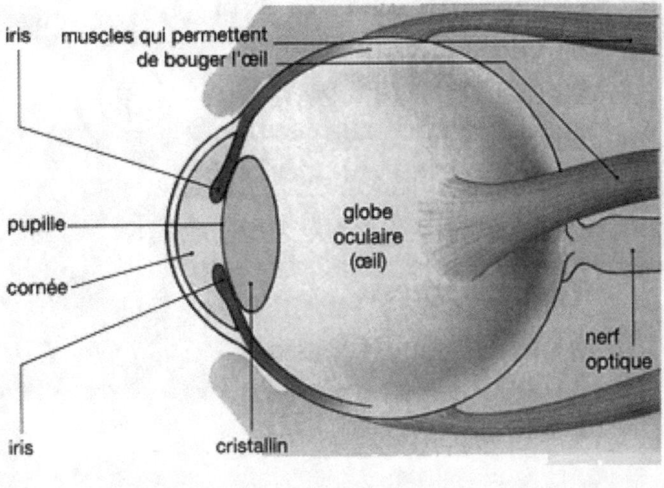

‣ L'ouïe

L'oreille est l'organe de l'ouïe.
Elle se compose de trois parties :
– l'oreille externe (le pavillon et le conduit auditif)
– l'oreille moyenne (le tympan et les osselets)
– l'oreille interne (le limaçon) qui permet l'équilibre du corps

Comment entend-on ?

Les sons pénètrent dans le conduit auditif jusqu'au tympan.

Le tympan envoie les sons aux trois osselets. Les trois osselets amplifient les sons et les transmettent au limaçon.

Les nerfs envoient les sons au cerveau.

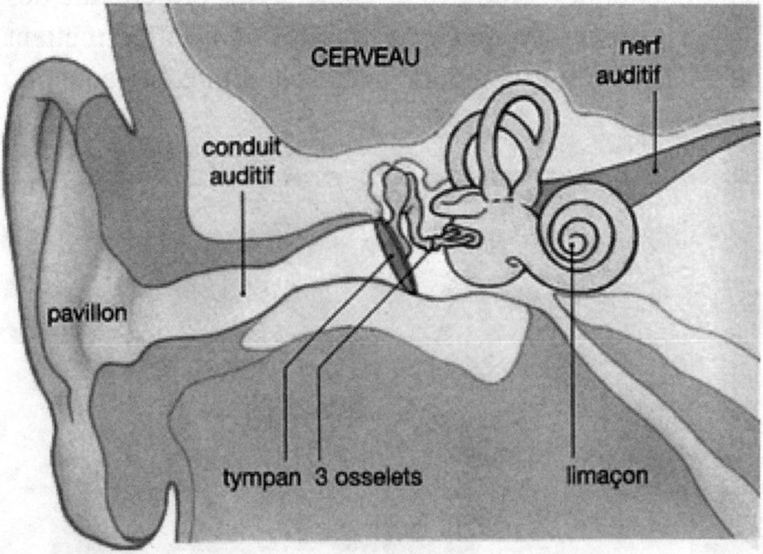

‣ Le goût

La langue est l'organe du goût.

Elle est tapissée de papilles.

Les papilles reconnaissent la saveur de ce que l'on mange et envoient l'information au cerveau.

La langue est sensible à quatre saveurs :

– le goût sucré

– le goût salé

– le goût acide

– le goût amer

Les parties de la langue sensibles au sucré et au salé sont sur la pointe de la langue.

Les parties de la langue sensibles à l'amer et à l'acide se situent à l'arrière de la langue.

Parties sensibles :

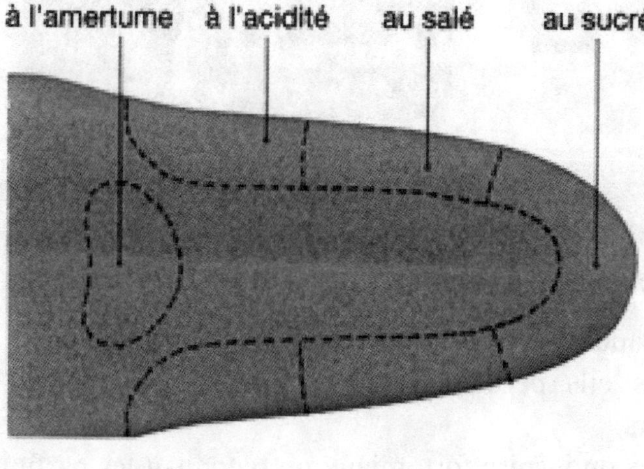

L'odorat

Le nez est l'organe de l'odorat.

La zone de l'odorat se trouve au fond du nez.

Le haut et le fond du nez sont recouverts de petits cils qui captent et reconnaissent les odeurs.

L'homme peut percevoir 3000 odeurs différentes.

Certaines sont agréables, d'autres désagréables.

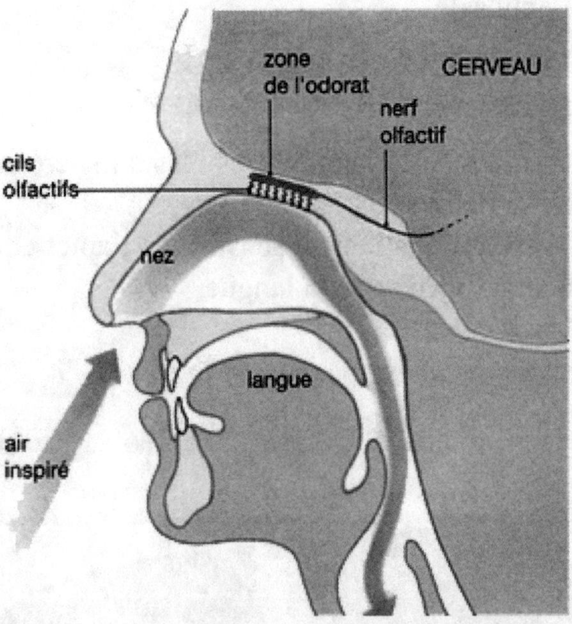

Comment sent-on ?

Quand on respire, l'air passe sur les cils olfactifs.

Ces cils permettent au cerveau de reconnaître les odeurs.

Plus on inspire fort, mieux on reconnaît les parfums.

‣ Le toucher

La peau est l'organe du toucher.

La peau contient des nerfs qui permettent d'apprécier ce que nous touchons.

Le bout des doigts, la plante des pieds et les lèvres sont les organes les plus sensibles.

Un petit caillou dans ta chaussure, ça fait très mal !

On peut distinguer trois sortes de sensations liées au toucher :

– des sensations *tactiles* pour connaître le poids, la dimension d'un objet, savoir s'il est dur, mou, doux, rugueux…

– des sensations *douloureuses* quand on se pique, quand on se cogne…

– des sensations *thermiques* pour sentir le chaud et le froid

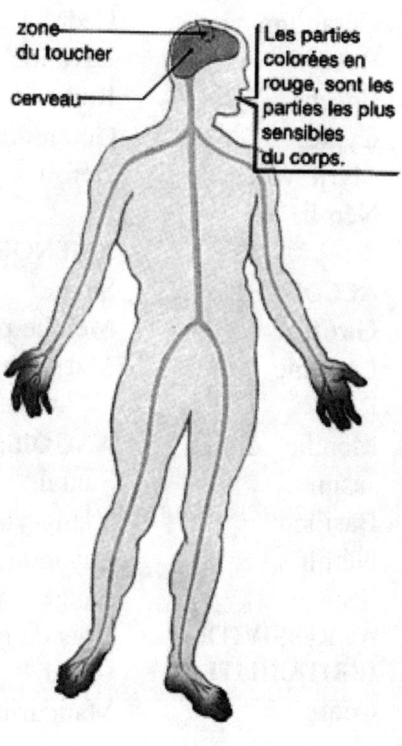

11. LES ÉMOTIONS ET L'AROMATHÉRAPIE

ABATTEMENT
Santal
Ylang-ylang
Lavande
Rose
Jasmin

ACCEPTATION
Girofle
Myrrhe
Géranium
Rose
Encens
Cyprès
Myrte vert
Néroli

ACCOUCHEMENT
Girofle
Lavande
Rose
Menthe poivrée
Jasmin
Basilic
Néroli

AGRESSIVITÉ - IRRITABILITÉ
Cèdre
Santal
Ylang-ylang
Rose
Jasmin
Bois de rose
Mandarine
Marjolaine
Myrte vert

ALLERGIE
Cèdre
Lavande
Romarin
Géranium
Néroli

AMÉNORRHÉE
Sauge
Menthe poivrée
Marjolaine

ANGOISSE
Santal
Ylang-ylang
Lavande
Sauge
Bois de rose
Citron
Mandarine
Marjolaine
Myrte vert
Néroli

ANXIÉTÉ
Cèdre
Jasmin
Cyprès
Laurier
Marjolaine
Petit grain

APATHIE
Cèdre
Romarin
Bergamote
Eucalyptus
Menthe poivrée
Encens
Laurier
Myrte vert

APHRODISIAQUE
Cèdre
Girofle
Santal
Ylang-ylang
Rose
Jasmin

Menthe verte
Néroli

ASTHÉNIE
Romarin
Girofle
Menthe verte
Carotte
Citron
Laurier
Petit grain
Sapin argenté

ASTHME
Cèdre
Girofle
Santal
Bergamote
Romarin
Basilic
Citron
Laurier
Mandarine
Myrte vert

AURA
Bergamote
Géranium
Rose
Sauge
Encens
Basilic
Laurier
Myrte vert

BLOCAGE PSYCHOLOGIQUE
Cèdre
Girofle
Romarin
Bergamote
Eucalyptus
Bois de rose
Carotte
Laurier
Petit grain

BURN-OUT
Cèdre
Ylang-ylang
Romarin
Bergamote
Rose
Jasmin
Citron
Mandarine
Marjolaine
Néroli
Sapin argenté

CARENCE AFFECTIVE
Lavande
Bergamote
Géranium
Rose
Bois de rose
Néroli
Petit grain

CAUCHEMARS
Lavande
Cyprès
Mandarine
Myrte vert

CHAGRIN
Cèdre
Bergamote
Géranium
Rose
Bois de rose
Marjolaine
Néroli

CHOC ÉMOTIONNEL
(y faire face et s'en remettre)
Lavande
Bergamote
Menthe verte
Basilic
Laurier
Néroli

CLARIFICATION
Myrrhe
Sauge
Menthe verte
Jasmin
Encens

COHÉRENCE
Bergamote
Encens
Marjolaine

COLÈRE
Ylang-ylang
Romarin
Basilic

COMPLEXE D'INFÉRIORITÉ
Cèdre
Ylang-ylang
Romarin
Bergamote
Myrrhe
Menthe poivrée
Jasmin
Carotte
Laurier

CONCENTRATION
Romarin
Bergamote
Eucalyptus
Menthe poivrée
Citron
Cyprès
Néroli

CONCRÉTISATION D'UN PROJET
Girofle
Cèdre
Carotte

CONFIANCE EN SOI
Cèdre
Santal
Myrrhe
Romarin
Bergamote
Jasmin
Carotte
Laurier

CONFUSION MENTALE
Cèdre
Romarin
Bergamote
Menthe poivrée
Sapin argenté

CONSCIENCE DE SOI
Cèdre Santal
Ylang-ylang
Myrrhe
Romarin
Jasmin
Laurier
Marjolaine
Myrte vert

CONTRACTURES MUSCULAIRES
Girofle
Ylang-ylang
Lavande
Romarin
Basilic
Mandarine
Marjolaine
Petit grain
Sapin argenté

COURAGE
Cèdre
Bergamote
Laurier

DÉCEPTION
Ylang-ylang
Géranium
Rose
Encens

DÉPENDANCES
Romarin
Bergamote
Basilic
Myrte vert
Néroli
Petit grain

DÉPRESSION
Cèdre
Girofle
Ylang-ylang
Lavande
Bergamote
Myrrhe
Jasmin
Encens
Basilic
Mandarine
Marjolaine
Néroli
Petit grain
Basilic
Citron

DÉSESPOIR
Myrrhe
Myrte vert
Néroli

DEUIL
Myrrhe
Rose
Jasmin
Encens
Cyprès
Mandarine

DIGESTION
Romarin
Menthe verte
Menthe poivrée
Mandarine
Marjolaine
Néroli

DYSMÉNORRHÉE
Ylang-ylang
Sauge
Citron
Cyprès

ECZÉMA
Cèdre
Ylang-ylang
Lavande
Géranium
Rose
Carotte
Laurier
Néroli

EGO SUR-DIMENSIONNÉ
Santal
Géranium
Marjolaine

ÉMOTIVITÉ EXCESSIVE
Ylang-ylang
Myrrhe
Lavande
Sauge
Encens
Laurier

ENDURANCE
Cèdre
Romarin
Laurier
Sapin argenté

ENRACINEMENT
Cèdre
Girofle
Carotte
Sapin argenté

ESPÉRANCE
Cèdre
Myrrhe
Menthe poivrée
Jasmin
Encens
Cyprès

ESTIME DE SOI
Bergamote
Myrrhe
Myrte vert

EXPRESSION DE SES ÉMOTIONS
Santal

Ylang-ylang
Myrrhe
Rose
Jasmin
Menthe verte
Sauge

FATIGUE NERVEUSE
Lavande
Romarin
Bergamote
Citron
Laurier
Sapin argenté

FRIGIDITÉ
Santal
Ylang-ylang
Bergamote
Géranium
Rose
Sauge
Jasmin
Cyprès
Néroli

HARMONIE GÉNÉRALE
Cèdre
Girofle
Myrrhe
Bergamote
Géranium
Encens
Bois de rose
Citron
Mandarine
Marjolaine
Myrte vert
Néroli
Petit grain
Sapin argenté

HARMONIE RESPIRATOIRE
Eucalyptus
Menthe verte
Bois de rose
Cyprès
Laurier
Myrte vert
Sapin argenté

HYPERACTIVITÉ DE L'ENFANT
Santal
Lavande
Romarin
Bergamote
Encens
Basilic
Citron
Laurier
Mandarine
Marjolaine

HYPERTENSION
Ylang-ylang
Lavande
Géranium
Basilic
Cyprès
Mandarine
Marjolaine
Néroli
Petit grain

HYPOTENSION
Girofle
Romarin
Sauge
Menthe verte
Menthe poivrée
Myrte vert
Sapin argenté

HYSTÉRIE
Cèdre
Santal
Lavande
Géranium
Rose
Encens
Bois de rose
Carotte
Mandarine
Marjolaine
Néroli
Petit grain

IMMUNITÉ
Romarin
Sauge
Menthe poivrée
Citron
Cyprès
Marjolaine
Myrte vert
Sapin argenté

IMPATIENCE
Cèdre
Santal
Géranium
Marjolaine
Néroli

IMPUISSANCE
Santal
Ylang-ylang
Romarin
Rose
Sauge
Jasmin
Néroli

INDÉCISION
Cèdre
Girofle
Géranium
Carotte
Laurier
Marjolaine
Myrte vert
Sapin argenté

INHIBITIONS
Girofle
Ylang-ylang
Bergamote
Carotte
Citron
Laurier

INSOMNIE
Santal
Ylang-ylang
Lavande
Bergamote
Géranium
Basilic
Mandarine
Myrte vert
Néroli
Petit grain

INSTABILITÉ ÉMOTIONNELLE
Cèdre
Girofle
Ylang-ylang
Lavande
Sauge
Encens
Basilic
Bois de rose
Laurier
Marjolaine
Néroli
Petit grain
Sapin argenté

INTUITION
Cèdre Sauge
Menthe poivrée
Jasmin
Encens
Citron
Laurier
Mandarine
Sapin argenté

JALOUSIE
Géranium
Rose
Jasmin
Basilic
Bois de rose
Marjolaine
Myrte vert

LÂCHER-PRISE
Bergamote
Géranium
Cyprès

LUCIDITÉ (ENVERS SOI-MÊME)
Santal

Myrrhe
Jasmin
Encens

MÉDITATION
Cèdre
Santal
Myrrhe
Jasmin
Encens
Myrte vert
Sapin argenté

MÉLANCOLIE
Lavande
Bergamote
Rose
Jasmin
Basilic
Citron
Mandarine
Néroli

MÉMOIRE
Girofle
Santal
Romarin
Bergamote
Sauge
Menthe verte
Menthe poivrée
Encens
Basilic
Citron
Cyprès
Laurier
Néroli

MÉNOPAUSE
Ylang-ylang
Géranium
Rose
Sauge
Menthe poivrée
Jasmin
Basilic
Cyprès
Laurier
Marjolaine
Néroli

MIGRAINE
Lavande
Romarin
Sauge
Menthe verte
Menthe poivrée
Citron
Marjolaine

NAUSÉES RÉACTIONNELLES
liées aux odeurs de parfums ou d'aliments et à la difficulté de les digérer (Attention ! ceci ne concerne en aucun cas les nausées liées à la grossesse)
Girofle
Myrrhe
Lavande
Romarin
Bergamote
Géranium
Menthe poivrée
Basilic
Citron
Myrte vert

NERVOSITÉ EXCESSIVE
Ylang-ylang
Myrrhe
Lavande
Géranium
Encens
Marjolaine
Néroli
Petit grain

OPTIMISME
Bergamote
Basilic
Carotte
Citron
Laurier
Mandarine

OUVERTURE AUX AUTRES
Ylang-ylang
Myrrhe
Géranium
Rose
Sauge
Jasmin
Basilic

PARALYSIE
Cèdre
Lavande
Sauge
Basilic
Cyprès
Sapin argenté

PERFECTION-NISME
Santal
Myrrhe
Basilic

PERPLEXITÉ
Géranium
Jasmin
Encens
Bois de rose

PEUR D'ALLER DE L'AVANT
Cèdre
Santal
Romarin
Carotte
Laurier
Sapin argenté

PEUR DES EXAMENS
Cèdre
Géranium
Encens
Bois de rose
Carotte
Citron
Laurier

PEUR D'AVOIR PEUR
Cèdre
Girofle
Myrrhe
Bergamote
Géranium
Carotte
Myrte vert
Sapin argenté

PEUR DE L'HÔPITAL OU DES MAISONS DE RETRAITE
Cèdre
Girofle
Ylang-ylang
Lavande
Bois de rose
Myrte vert
Néroli
Petit grain

PEUR DE LA MORT
Cèdre
Bergamote
Rose
Sauge
Jasmin
Encens
Bois de rose
Néroli
Sapin argenté

PEUR DE LA SOLITUDE
Girofle
Ylang-ylang
Myrrhe
Bergamote
Géranium
Rose
Basilic
Carotte
Mandarine
Néroli

PEUR DE NE PAS ÊTRE À LA HAUTEUR
Cèdre
Girofle
Myrrhe
Bergamote
Géranium
Jasmin
Carotte
Laurier
Myrte vert
Sapin argenté

PEUR DE PRENDRE SES RESPONSABILITÉS
Cèdre
Romarin
Géranium
Menthe verte
Jasmin
Carotte
Marjolaine
Néroli

PEUR DU NOIR
Lavande
Cyprès
Laurier
Mandarine
Néroli

PROBLÈMES DE PEAU
Santal
Ylang-ylang
Myrrhe
Lavande
Romarin
Géranium
Rose
Jasmin
Encens
Bois de rose
Carotte
Laurier
Myrte vert
Néroli
Petit grain

PROTECTION ÉMOTIONNELLE
Myrrhe
Basilic
Laurier
Néroli

PRURIT
Cèdre
Santal
Ylang-ylang
Myrrhe
Géranium
Menthe verte
Basilic
Néroli

PSORIASIS
Cèdre
Santal
Myrrhe
Lavande
Géranium
Carotte
Néroli

RAIDEUR MORALE
Ylang-ylang
Bergamote
Géranium
Jasmin
Encens
Basilic
Cyprès
Petit grain

RANCUNE
Bergamote
Géranium
Basilic
Bois de rose
Marjolaine

RELAXATION
Ylang-ylang
Lavande
Bergamote
Sauge
Jasmin
Encens

Basilic
Bois de rose
Mandarine
Néroli
Petit grain

SAUTES D'HUMEUR
voir Instabilité émotionnelle

REPÈRES
(PERTE DES -)
Cèdre
Girofle
Myrrhe
Romarin
Bergamote
Cyprès
Laurier
Marjolaine
Néroli
Sapin argenté

REPLI SUR SOI
Bergamote
Géranium
Néroli
Petit grain

RÊVES
(SE LES RAPPELER)
Sauge
Encens

RHUME DES FOINS
voir Allergie

SÉCURITÉ
Girofle
Basilic
Cyprès
Laurier
Néroli

SENTIMENT DE SOLITUDE
voir Peur de la solitude

SÉRÉNITÉ
Santal
Myrrhe
Bergamote
Géranium
Rose
Eucalyptus
Encens
Myrte vert
Néroli

SPASMES
Girofle
Santal
Lavande
Romarin
Menthe verte
Encens
Basilic
Cyprès
Myrte vert
Néroli

STRESS
Santal
Bergamote
Géranium
Menthe verte
Encens
Basilic
Bois de rose
Mandarine
Marjolaine
Myrte vert
Néroli
Petit grain

TENSION INTÉRIEURE
Santal
Ylang-ylang
Myrrhe
Bergamote
Géranium

Encens
Basilic
Bois de rose
Mandarine
Marjolaine
Petit grain
Sapin argenté

TRISTESSE
Myrrhe
Bergamote
Géranium
Eucalyptus
Jasmin
Basilic
Bois de rose
Citron
Néroli

TROUBLES HORMONAUX
Cèdre
Santal
Girofle
Myrrhe
Romarin
Géranium
Sauge
Jasmin
Carotte
Cyprès
Myrte vert
Néroli

TROUBLES NEUROLOGIQUES
Géranium
Menthe poivrée
Jasmin
Encens
Basilic
Citron
Cyprès
Mandarine
Marjolaine
Néroli
Sapin argenté

ULCÈRE GASTRIQUE ET DUODÉNAL
Myrrhe
Bergamote
Encens
Basilic
Laurier
Mandarine
Néroli
Petit grain

URTICAIRE
Lavande
Basilic
Cyprès
Néroli

VERTIGE
Cèdre
Santal
Lavande
Romarin
Citron
Cyprès
Laurier

VIDE INTÉRIEUR ET ÉMOTIONNEL
Santal
Ylang-ylang
Myrrhe
Bergamote
Géranium
Jasmin
Néroli
Petit grain

VITALITÉ
Cèdre
Santal
Eucalyptus
Menthe poivrée
Bois de rose
Carotte
Citron
Marjolaine
Sapin argenté

ZONA
Menthe poivrée

CÈDRE
Agressivité - irritabilité
Anxiété
Apathie
Aphrodisiaque
Blocage psychologique
Burn-out
Chagrin
Complexe d'infériorité
Concrétisation d'un projet
Confiance en soi
Confusion mentale
Conscience de soi
Courage
Dépression
Endurance
Enracinement
Espérance
Harmonie générale
Impatience
Instabilité émotionnelle
Intuition
Méditation Paralysie
Peur d'aller de l'avant
Peur des examens
Peur d'avoir peur
Peur de l'hôpital ou
des maisons de retraite
Peur de la mort
Peur de la solitude
Peur de ne pas être
à la hauteur

Peur de prendre
ses responsabilités
Repères (perte des -)
Vertige
Vitalité

GIROFLE
Acceptation
Aphrodisiaque
Asthénie
Blocage psychologique
Concrétisation d'un projet
Dépression
Enracinement
Harmonie générale
Hypotension
Indécision
Inhibitions
Instabilité émotionnelle
Mémoire
Peur d'avoir peur
Peur de l'hôpital ou
des maisons de retraite
Peur de la solitude

Peur de ne pas être
à la hauteur
Repères (perte des -)
Sécurité

YLANG-YLANG
Agressivité - irritabilité
Angoisse
Aphrodisiaque
Burn-out
Colère
Complexe d'infériorité
Conscience de soi
Déception
Dépression
Émotivité excessive
Expression
de ses émotions
Hypertension
Inhibitions
Insomnie
Instabilité émotionnelle
Ouverture aux autres
Peur de l'hôpital
ou des maisons de retraite
Peur de la solitude
Problèmes de peau
Raideur morale
Relaxation
Vide intérieur
et émotionnel

SANTAL
Abattement
Agressivité - irritabilité
Angoisse
Aphrodisiaque
Confiance en soi
Conscience de soi
Ego surdimensionné
Expression
de ses émotions
Hyperactivité de l'enfant
Impatience
Insomnie
Lucidité
(envers soi-même)
Méditation
Mémoire
Perfectionnisme
Peur d'aller de l'avant
Problèmes de peau
Sérénité
Stress
Vertige
Vide intérieur
et émotionnel
Vitalité

MYRRHE
Acceptation
Clarification
Complexe d'infériorité
Confiance en soi

Conscience de soi
Dépression
Désespoir
Deuil
Émotivité excessive
Espérance
Estime de soi
Expression de ses émotions
Harmonie générale
Lucidité (envers soi-même)
Méditation
Ouverture aux autres
Perfectionnisme
Peur d'avoir peur
Peur de la solitude
Peur de ne pas être à la hauteur
Problèmes de peau
Protection émotionnelle
Repères (perte des -)
Sérénité
Vide intérieur et émotionnel

LAVANDE
Abattement
Angoisse
Carence affective
Cauchemars
Choc émotionnel (y faire face et s'en remettre)
Dépression
Émotivité excessive
Fatigue nerveuse
Hyperactivité de l'enfant
Hypertension
Insomnie
Instabilité émotionnelle
Mélancolie
Paralysie
Peur de l'hôpital ou des maisons de retraite
Peur du noir
Problèmes de peau
Relaxation
Vertige

ROMARIN
Apathie
Asthénie
Blocage psychologique
Burn-out
Colère
Complexe d'infériorité
Concentration
Confiance en soi
Confusion mentale
Conscience de soi
Dépendances
Digestion
Endurance

Fatigue nerveuse
Hyperactivité de l'enfant
Hypotension
Immunité
Mémoire
Peur d'aller de l'avant
Peur de prendre
ses responsabilités
Problèmes de peau
Repères (perte des -)
Vertige

BERGAMOTE
Apathie
Aura
Blocage psychologique
Burn-out
Carence affective
Chagrin
Choc émotionnel
(y faire face
et s'en remettre)
Cohérence
Complexe d'infériorité
Concentration
Confiance en soi
Confusion mentale
Courage
Dépendances
Dépression
Estime de soi
Fatigue nerveuse
Harmonie générale
Hyperactivité de l'enfant
Inhibitions
Lâcher-prise
Mélancolie
Mémoire
Optimisme
Peur d'avoir peur
Peur de la mort
Peur de la solitude
Peur de ne pas être
à la hauteur
Raideur morale
Rancune
Relaxation
Repères (perte des -)
Repli sur soi Sérénité
Stress
Vide intérieur
et émotionnel

GÉRANIUM
Acceptation
Aura
Carence affective
Chagrin
Déception
Ego surdimensionné
Harmonie générale
Hypertension
Impatience
Indécision

Insomnie
Jalousie
Lâcher-prise
Ouverture aux autres
Perplexité
Peur des examens
Peur d'avoir peur
Peur de la solitude
Peur de ne pas être à la hauteur
Peur de prendre ses responsabilités
Problèmes de peau
Raideur morale
Rancune
Repli sur soi
Sérénité
Stress
Vide intérieur et émotionnel

ROSE
Abattement
Acceptation
Agressivité - irritabilité
Aphrodisiaque
Aura
Burn-out
Carence affective
Chagrin
Déception
Deuil
Expression de ses émotions
Jalousie
Mélancolie
Ouverture aux autres
Peur de la mort
Peur de la solitude
Problèmes de peau
Sérénité

EUCALYPTUS
Apathie
Blocage psychologique
Concentration
Harmonie respiratoire
Sérénité
Vitalité

SAUGE
Angoisse
Aura
Clarification
Émotivité excessive
Expression de ses émotions
Hypotension
Immunité
Instabilité émotionnelle
Intuition
Mémoire
Ouverture aux autres

Paralysie
Peur de la mort
Relaxation
Rêves
(se les rappeler)

MENTHE VERTE
Aphrodisiaque
Asthénie
Choc émotionnel
(y faire face
et s'en remettre)
Clarification
Digestion
Expression de ses émotions
Harmonie respiratoire
Hypotension
Mémoire
Peur de prendre
ses responsabilités
Stress

MENTHE POIVRÉE
Apathie
Complexe d'infériorité
Concentration
Confusion mentale
Digestion
Espérance
Hypotension
Immunité
Intuition
Mémoire
Vitalité

JASMIN
Abattement
Agressivité - irritabilité
Anxiété
Aphrodisiaque
Burn-out
Clarification
Complexe d'infériorité
Confiance en soi
Conscience de soi
Dépression
Deuil
Espérance
Expression
de ses émotions
Intuition
Jalousie
Lucidité
(envers soi-même)
Méditation
Mélancolie
Ouverture aux autres
Perplexité
Peur de la mort
Peur de ne pas être
à la hauteur
Peur de prendre
ses responsabilités

Problèmes de peau
Raideur morale
Relaxation
Vide intérieur
et émotionnel
Vitalité

ENCENS (OLIBAN)
Acceptation
Apathie
Aura
Clarification
Cohérence
Déception
Dépression
Deuil
Émotivité excessive
Espérance
Harmonie générale
Hyperactivité de l'enfant
Instabilité émotionnelle
Intuition
Lucidité
(envers soi-même)
Méditation
Mémoire Perplexité
Peur des examens
Peur de la mort
Problèmes de peau
Raideur morale
Relaxation
Rêves (se les rappeler)
Sérénité
Stress

BASILIC
Aura
Choc émotionnel
(y faire face
et s'en remettre)
Colère
Dépendances
Dépression
Digestion
Hyperactivité de l'enfant
Hypertension
Insomnie
Instabilité émotionnelle
Jalousie
Mélancolie
Mémoire
Optimisme
Ouverture aux autres
Paralysie
Perfectionnisme
Peur de la solitude
Protection émotionnelle
Raideur morale
Rancune
Relaxation
Sécurité
Stress

BOIS DE ROSE
Agressivité - irritabilité
Angoisse
Blocage psychologique
Carence affective
Chagrin
Harmonie générale
Harmonie respiratoire
Instabilité émotionnelle
Jalousie
Perplexité
Peur des examens
Peur de l'hôpital
ou des maisons de retraite
Peur de la mort
Problèmes de peau
Rancune
Relaxation
Stress
Vitalité

CAROTTE
Asthénie
Blocage psychologique
Complexe d'infériorité
Concrétisation d'un projet
Confiance en soi
Enracinement
Indécision
Inhibitions
Optimisme
Peur d'aller de l'avant
Peur des examens
Peur d'avoir peur
Peur de la solitude
Peur de ne pas être
à la hauteur
Peur de prendre
ses responsabilités
Problèmes de peau
Vitalité

CITRON
Angoisse
Asthénie
Burn-out
Concentration
Digestion
Fatigue nerveuse
Harmonie générale
Hyperactivité de l'enfant
Immunité
Inhibitions
Intuition
Mélancolie
Mémoire
Optimisme
Peur des examens
Vertige
Vitalité

CYPRÈS
Acceptation
Anxiété
Cauchemars
Concentration
Deuil
Espérance
Harmonie respiratoire
Hypertension
Immunité
Lâcher-prise
Mémoire
Paralysie
Peur du noir
Raideur morale
Repères (perte des -)
Sécurité
Vertige

LAURIER
Anxiété
Apathie
Asthénie
Aura
Blocage psychologique
Choc émotionnel
(y faire face
et s'en remettre)
Complexe d'infériorité
Confiance en soi
Conscience de soi
Courage
Émotivité excessive
Endurance
Fatigue nerveuse
Harmonie respiratoire
Hyperactivité
de l'enfant Indécision
Inhibitions
Instabilité émotionnelle
Intuition
Mémoire
Optimisme
Peur d'aller de l'avant
Peur des examens
Peur de ne pas être
à la hauteur
Peur du noir
Problèmes de peau
Protection émotionnelle
Raideur morale
Repères (perte des -)
Sécurité
Vertige

MANDARINE
Agressivité - irritabilité
Angoisse
Burn-out
Cauchemars
Dépression
Deuil
Émotivité excessive
Harmonie générale

Hyperactivité de l'enfant
Hypertension Insomnie
Intuition
Mélancolie
Optimisme
Peur de la solitude
Peur du noir
Relaxation
Stress

MARJOLAINE
Agressivité - irritabilité
Angoisse
Anxiété
Burn-out
Chagrin
Cohérence
Conscience de soi
Dépression
Ego surdimensionné
Émotivité excessive
Harmonie générale
Hyperactivité de l'enfant
Hypertension
Immunité
Impatience
Indécision
Instabilité émotionnelle
Jalousie
Peur de prendre ses responsabilités
Rancune
Repères (perte des -)
Stress
Vitalité

MYRTE VERT
Acceptation
Agressivité - irritabilité
Angoisse
Apathie
Aura
Cauchemars
Conscience de soi
Dépendances
Désespoir
Estime de soi
Harmonie générale
Harmonie respiratoire
Hypotension
Immunité
Indécision
Insomnie
Jalousie
Méditation
Peur d'avoir peur
Peur de l'hôpital ou des maisons de retraite
Peur de ne pas être à la hauteur
Problèmes de peau
Sérénité
Stress

NÉROLI
Acceptation
Angoisse
Aphrodisiaque
Burn-out
Carence affective
Chagrin
Choc émotionnel
(y faire face
et s'en remettre)
Concentration
Dépendances
Dépression
Désespoir
Émotivité excessive
Harmonie générale
Hypertension
Impatience Insomnie
Instabilité émotionnelle
Mélancolie
Mémoire
Peur de l'hôpital ou
des maisons de retraite
Peur de la mort
Peur de la solitude
Peur de prendre
ses responsabilités
Peur du noir
Problèmes de peau
Protection émotionnelle
Relaxation
Repères (perte des -)
Repli sur soi
Sécurité
Sérénité
Stress
Vide intérieur
et émotionnel

PETIT GRAIN
BIGARADE
Anxiété
Asthénie
Blocage psychologique
Carence affective
Dépendances
Dépression
Harmonie générale
Hypertension
Insomnie
Instabilité émotionnelle
Peur de l'hôpital
ou des maisons de retraite
Problèmes de peau
Raideur morale
Relaxation
Repli sur soi
Stress
Vide intérieur
et émotionnel

SAPIN ARGENTÉ

Asthénie
Burn-out
Confusion mentale
Endurance
Enracinement
Fatigue nerveuse
Harmonie générale
Harmonie respiratoire
Hypotension
Immunité
Indécision
Instabilité émotionnelle
Intuition
Méditation
Paralysie
Peur d'aller de l'avant
Peur d'avoir peur
Peur de la mort
Peur de ne pas être à la hauteur
Repères (perte des)
Vitalité

LES HUILES ESSENTIELLES

Dans les soins à l'hôpital, les huiles essentielles, les odeurs reprennent du terrain.

Un plan aroma contre Alzeihmer

C'est en Allemagne que ces expériences sont les plus nombreuses et les plus avancées. MARIA HOCH, infirmière allemande, a introduit les huiles essentielles en milieu hospitalier il y a 28 ans. Une pièce spéciale a été créée à cet effet, dans la clinique AUGUSTINUM. Dans cette clinique, l'odeur d'huiles essentielles est partout dans les chambres pour purifier l'air en journée et faciliter le sommeil le soir. Des synergies sont appliquées sur la peau pour relaxer les patients. Cela est en expansion dans toute l'Allemagne et cela se pratique en étroite collaboration avec la médecine allopathique. En France les laboratoires EONA fournissent maintenant 200 hôpitaux et 150 maisons de retraite. Ce programme se développe notamment en gérontologie.

Dans les pays occidentaux, les chiffres concernant la maladie d'Alzheimer donnent le vertige. Le nombre de cas ne cesse d'augmenter et pourrait bien doubler au cours des prochaines décennies. « Ces données effrayantes nous obligent à trouver des solutions pour que les personnes souffrant d'Alzheimer conservent le plus longtemps une certaine autonomie », estime MONIKA FURTNER, infirmière allemande praticienne en aromathérapie. Les huiles essentielles représentent un soutien pour aider les gens à mieux vivre leur maladie. Cette spécialiste raconte : « L'inhalation permet de se reconnecter à des souvenirs. Les personnes âgées, bien que leur sens olfactif diminue, peuvent les retrouver en s'entraînant avec des huiles essentielles ».

Dans la pratique, MONIKA FURTNER scrute les visages qui parfois s'illuminent en réaction à certaines odeurs, en particulier la sauge à feuille de lavande, qui est utilisée pour son action sur le cerveau ; tandis que le romarin à cinéole est expérimenté au centre de la mémoire de Nice. Un mélange diffusé dans les chambres, ou appliqué dilué en friction, est employé sur les patients particulièrement agités. « Entre nous, nous l'appelons l'huile de la démence », confie l'infirmière qui s'enorgueillit d'avoir permis à de nombreux malades de se reconnecter à leur identité.

L'AROMATHÉRAPIE est introduite dans des maisons de retraite. ALEXIA BLONDEL anime des séances olfactives au pôle cancérologie du CHU de POITIERS. Les parfums stimulent leurs sens, sans parler des multiples bienfaits des massages. Avec six à sept personnes par atelier, ce sont des moments d'évasion qui sont proposés au CHU.

PHILIPPE ROBERT, professeur de psychiatrie et directeur du centre de la mémoire de NICE, se tourne vers les huiles essentielles telles que la lavande et le romarin, afin d'améliorer le comportement des maladies d'Alzheimer.

À l'hôpital ST NICOLAS d'Angers, plusieurs médecins ont bénéficié d'une formation en aromathérapie depuis 2010 dans un service de gérontologie. Ce projet a reçu en mars 2014 le prix « HUILES ESSENTIELLES et innovation clinique en gériatrie », délivré par la FONDATION GATTEFOSSE.

12. LA MÉMOIRE SENSORIELLE ET LE GOÛT

Article de Véronique ANASTASIE, PLANETGOUT, www.planetgout.com :

Le goût est le sens le plus puissant… Ne dit-on pas « il faut être un bon vivant pour bien vivre sur terre » et en cela le goût est vecteur de bien-être, d'évolution et de développement personnel pour de nombreuses raisons.

Alors que l'une des difficultés actuellement de l'être humain sur terre en terme de bien-être, d'équilibre et de bonheur est de vivre dans le passé ou dans le futur, rarement attentif en étant dans le présent, surtout de considérer que l'acte alimentaire n'a pas de valeur, que l'on dépense de moins en moins de budget pour manger et de temps tranquille pour déguster ce moment de ressource essentiel à la vie de l'homme.

Ne perdons pas de vue que le goût par le moment de dégustation au-delà du plaisir, réussit d'abord en quelques secondes à nous plonger dans l'instant et donc au présent, par l'attention portée et ce à chaque moment de l'acte alimentaire ; à savoir de 3 à 5 fois par jour enfin pour ceux qui savent « prendre le temps du goût. »

N'oublions pas non plus que la finalité du système gustatif est aussi l'instinct de survie avec le contrôle de la prise alimentaire. Dans la bouche, un contrôle tactile et thermo-algésique, un contrôle rétronasal pour l'analyse chimique, et l'identification des aliments pendant et après la préhension buccale.

C'est grâce à nos 5 sens que l'on décide ou pas, selon ses capteurs, de manger le produit s'il nous semble bon, comme l'animal on sait que s'il a une vision de détérioration, de pourriture, de mauvaises odeurs, de goûts anormaux... Alors on va le rejeter ; c'est aussi si on est capable d'avoir ses détecteurs en marche, une

attention et l'envie de bien manger avec ses capteurs sensoriels bien à l'écoute des mets sur table... Alors on va pouvoir bien se nourrir et se faire plaisir en découvrant ce que l'on appelle les flaveurs, des senteurs, aux saveurs et aux arômes par les reflets des miroirs sensoriels intérieurs !

Lorsque l'on goûte les premières perceptions en début de langue vont être sucrée qui nous rappelle à la mémoire de celle qui nous a permis d'exister et de vivre, avec notre premier acte alimentaire en contact au sein de la mère... Ceux qui n'ont pas cette mémoire sensorielle du sein chaud, moelleux et doux, des odeurs de sa maman auront la mémoire du biberon en plastique... au goût de la marque de lait maternisé.

Puis quand l'enfant passe à a cuillère sur les côtés de la langue il découvre le salé et l'acide au fond du palais l'amer en grandissant.

Si on s'enferme dans le sucré, on ne peut grandir car seul l'amer est synonyme d'aventure alimentaire et donc d'ouverture au monde, pour accepter le changement de goût, c'est s'ouvrir à l'inconnu, la différence et la tolérance.

Pour détecter le goût et développer sa perception du goût, il faut donc déjà apprendre à savoir mieux manger tranquillement dans de bonnes conditions, avec un bon comportement à partir de bons produits sélectionnés de qualité et choisis avec envie par vous-mêmes et pas par d'autres, bien assis posément à table et dans le calme.

La mémoire sensorielle passe et se développe par le goût, « son goût est révélateur de soi-même » profondément aussi le reflet de son comportement alimentaire aussi de son comportement tout court.

Ne dit-on pas « dis-moi ce que tu manges, je te dirais qui tu es ? »

Le goût est le sens du mouvement du cerveau, de la mobilisation des aires cérébrales de chaque sens du cervelet au lobe frontal, éveillée une à une par la gustation pour arriver à émettre un mot qui va qualifier ensuite une sensation sur la langue.

C'est devant l'assiette, l'aliment, le plat et la boisson que l'on s'apprête à manger alors que chacun de nos sens en éveil va se mettre à voir, toucher, écouter, sentir et goûter, nous sommes des êtres polysensoriels, même si nos organes sont spécialisés, chaque cellule possède tous les sens.

Puis nous passons à la mise en bouche en ayant envie de manger… Alors on bascule par ses sensations gustatives qui vont nous envahir et c'est très rapide on passe du réel au virtuel et réciproquement ; cela va très vite au niveau de notre cerveau, quelques millièmes de secondes, par l'attention développée aussi très rapidement.

Alors si l'on est devant un gratin dauphinois, des pommes au four, un hachis Parmentier ou des frites… on a toutes les images de pommes de terre dans notre cer-

veau qui défilent très vite comme un kaléidoscope d'images superposées... selon notre histoire sensorielle et notre culture goût.

Tout ce qui nous rappelle et évoque cet aliment, ce plat cuisiné revient en nous et toutes les émotions qui s'y réfèrent nous submergent. À ce moment-là le cerveau analyse compare se rappelle du goût de...

La madeleine de Proust est sur le chemin du goût.

Le goût est donc bien un sens de synthèse du passé au présent et de développement de notre futur.

Il rassemble le corps et l'esprit instantanément en fusion totale, il est le moteur d'une richesse intérieure et d'un bien-être indicible. Chaque émotion sensorielle nous fait plaisir lorsque nos capteurs sensoriels par notre palais sont satisfaits par la réunion des 5 sens au cœur de ce qu'il se passe en bouche.

L'aliment de qualité donc qui a du goût naturel sans ajouts, va nourrir d'abord notre cerveau par la qualité des molécules ingérées, qui vont actionner en vague tout le processus de feed-back sensoriel de la neurologie sensoriel au circuit hormonaux, à l'alimentation de tous les organes et cellules de l'homme mangeur, mais il restera aussi une valeur impalpable par chaque capteur émus en quelques secondes qui garde du plaisir, du bonheur, du désir d'en reprendre, de ce qui vient d'être mangé.

Cette valeur ajoutée du goût est le résultat de l'union de tous les sens qui mobilisent toutes les parties du cerveau ensemble et qui sont séquencés comme une centrifugeuse sensorielle.

Il suscite le mouvement cellulaire neurologique au niveau du centre du bien-être cérébral, l'hypophyse qui régule le système hormonal et ainsi tout l'équilibre de toute la vie cellulaire, donc la vie d'un être humain.

La science du goût n'est pas que l'étendard de la gastronomie du salé ou du sucré mais un sens qui mobilise d'abord les 4 autres pour exister et en faire la synthèse, et c'est in fine par la perception des 7 saveurs au palais qui restera sur la langue que le mangeur deviendra alors un peu plus goûteur chaque jour.

Pour avoir du goût, des émotions sensorielles par nos capteurs, il faut que le produit ait une véritable histoire à raconter avec une origine, une identité, selon une variété végétale ou une espèce animale, le plus naturellement produite, grâce au métier et au savoir des hommes, pour développer alors ***« le savoir goût! »***

Chaque aliment de qualité est composé de nutriments de qualité à savoir de protéines de valeur avec des acides aminés indispensables, de lipides avec des graisses utiles, de sucres lents et rapides qui vont nourrir chaque cellule de notre cerveau puis chacun de nos organes et de notre corps pour atteindre l'équilibre santé, plaisir et bien-être.

On comprend bien ainsi que cet état ne peut être atteint que par la valeur ajoutée du goût des aliments mangés qui va rendre heureux chaque cellule, on peut qualifier cela de Neurobonheur.

Celui qui ne cherche pas à se faire plaisir par le goût chaque jour manque de se faire du bien 3 fois par jour, il oublie que s'il ne développe pas son palais, il ne met pas son cerveau en mouvement.

Chaque jour, il ne déroule pas le film de sa vie cellulaire, il se bloque comme sur un arrêt image comme un automate ou un robot rouillé, les cellules vont alors se dérégler... de leur ADN à leurs activités pour arriver à des maladies.

À l'ère où le monde virtuel domine les comportements de chacun de nous, où l'image mobilise beaucoup nos cerveaux, de l'ordinateur au portable, de la télévision au cinéma... la magie du PAF opère.

On est hypnotisé et manipulé avec en plus des images permanentes qui font la promotion d'aliments dits de santé, des alicaments... avec des publicités d'aliments industriels, sans histoire vrai et souvent avec des goûts totalement chimiques pour en reprendre par du neuromarking moléculaire.

Lorsque l'on voit ce que les êtres humains mangent aujourd'hui, sans aucune conscience, en avalant, vite sans aucune attention à ce qu'ils mettent en bouche... le budget qu'il alloue au panier dit de la ménagère a diminué au profit des nouvelles technologies, ils mangent souvent devant leur ordinateur, leur télévision avec leur téléphone portable... parfois même debout !

Dans ce cas 80 % de leur cerveau est mobilisé sur le sens de la vue alors qu'il ne représente que 5 % de la mémoire sensorielle du cerveau... proche du cervelet, derrière la tête le cerveau reptilien...

Force est de constater qu'il reste 95 % des autres zones du cerveau non activées, non éveillées chaque jour... On comprend aisément combien le sens du goût alors est un sens « essentiel » au développement de son cerveau avec son corps, son esprit en éveil et son sensoriel acteur de son développement personnel !

Ce qui fait bien comprendre la problématique actuelle du comportement en boucle des individus ignorant et qui mange sans conscience des substrats de nutriments, il s'alimente à la pompe comme une voiture dans laquelle au lieu de mettre de l'essence ou du diesel on mettait de l'acide chlorhydrique !

Ces 95 % appartiennent à la mémoire et aux bases de données du toucher au sentir, de l'écoute à la gustation qui sont restés en mode pause arrêt... leur non fonctionnement provoque des pertes énormes du potentiel de chaque être humain pour apprendre, comprendre, retenir, progresser et évoluer.

Force est de constater les nombreuses régressions de certains humains, demandez leur ce qu'ils mangent ?

Il ne faut jamais oublier que nous sommes des terriens, liés à la terre à dame nature, au respect de notre environnement pour une alimentation durable.

Le Goût est le sens de la vraie vie pour soi et ensemble un acteur socialisant, il nous reconnecte à la terre, à notre identité à la vérité aussi. Il est un grand éducateur à l'attention à vivre le présent, à écouter son corps, à être dans l'émotion partagée avec ceux qui nous donnent à manger avec amour et passion, toujours avec le respect d'une chaîne de qualité au service de l'homme.

Le goût est donc bien plus qu'une bonne alimentation par la gastronomie, mais il développe l'être profondément, de son esprit par ces cellules bien nourries, en étant bien mieux.

La vie nous donne le plaisir de savourer chaque instant, par le goût de bien vivre et d'être ainsi un bon vivant, ce que nous proposons tous les jours dans le cadre des activités de notre Club Planetgout.

Venez à la rencontre de vous-mêmes par votre éducation sensorielle alimentaire !

* * *

L'odorat et le goût travaillent « main dans la main », aidant à reconnaître, à analyser. Actuellement, en raison de la pollution, les gens perdent beaucoup de leur odorat, ce qui construit une perception du réel différente. Nous devenons des mutants sans le savoir ! Par ailleurs, le goût est altéré par la mal-bouffe (voir l'ouvrage de JACQUES PUISAYE à ce propos) : c'est un patrimoine invisible qui s'écroule pour un soi-disant bonheur technologique ou matériel. Dans le film « Perfect Sense » (sorti en 2000) que vous pouvez télécharger sur internet, les habitants souffrent d'un virus qui leur altère le goût puis l'odorat. Ces deux sens altérés vont permettre de donner libre cours à la violence. Un des acteurs est concerné par le goût car il est cuisinier et une histoire d'amour nous fait comprendre l'enjeu de la perte des sens. Seule échappatoire au manque de sens : une réflexion sur la culture des sens, au moment où la notion de culture ne veut plus rien dire… La barbarie s'installe alors. L'odorat emprunte un chemin direct vers le cerveau, impliquant l'amygdale et le cortex olfactif qui font partie du système limbique.

L'odorat connecte différentes émotions, nous ramenant à des souvenirs d'enfance. Grâce à ce branchement direct avec la mémoire et les émotions, c'est un cortège de souvenirs que nous emmagasinons. Ce que nous percevons par le goût concerne aussi l'odorat : une fraction d'une saveur entre par les papilles gustatives de la langue et nous donne des informations sur la texture et la température de la nourriture. Lorsque nous goûtons, un mélange se fait avec la salive, entre en contact avec les fossettes gustatives des papilles et les fibres nerveuses transmettent les sensations à la médulla puis au thalamus et au cortex gustatif.

J'espère que vous n'avez rien compris à ce texte ! Pourtant c'est de la science, c'est dire à quel point chaque chose simple a un déroulement complexe.

Exercice :

Mettez un bandeau sur les yeux, goûtez différentes saveurs, dégustez chaud-froid-sucré-salé, définissez chaque saveur. Faites-le avec des amis, sans voir la préparation, essayez de bouger dans votre maison sans rien casser, observez quels sont les mobilisations, les points d'appui de votre corps, comment le corps s'organise sans la vision… Vous pouvez le faire pendant des heures, vous verrez à quel point nous sommes conditionnés par ce sens de la vision.

13. LE SOMMEIL ET LA MÉMOIRE

Nous passons un tiers de notre vie à dormir et actuellement beaucoup de personnes souffrent du manque de sommeil réparateur. Pour un bon sommeil, faut une préparation. Trop regarder la télévision n'est pas conseillé car cela hypnotise mais ne renforce pas le sommeil. Si néanmoins vous ne pouvez pas vous en passer, prenez une douche froide avant d'aller vous coucher : les vertus de la douche froide sont multiples mais surtout elle dégage l'électricité statique qui est une des sources du manque de sommeil. La chute de température due au froid va restituer d'une façon naturelle l'ensemble du fonctionnement endocrinien et accélérer la production de mélatonine, hormone du sommeil, que l'on peut aussi se procurer en comprimés.

Mémoire et sommeil : pour apprendre, on conseille avant le sommeil de relire ces notes ou toutes informations nécessaires à l'apprentissage. Le lendemain matin, relisez ces notes et voyez si c'est mieux !

Exercice :

Mettre sur une bouteille d'eau le soir avant de s'endormir ce que vous souhaitez traiter. Marquez-le sur un papier, ensuite collez-le à l'aide de papier collant sur la bouteille (si possible en verre). Au réveil le lendemain, revoyez ce que vous avez noté, restituez le message. Vous serez étonné des progrès que vous accomplirez jour après jour en mémorisant ces informations.

14. LA DIÉTÉTIQUE DE LA MÉMOIRE

Trois super aliments : la ***BACOPA***, la ***KLAMATH*** et le ***GINKO BILOBA***...

Il existe une multitude de complexes et de compléments alimentaires favorables à la mémoire, mais ces trois aliments peuvent être d'un grand secours. Associés à une alimentation végétarienne, ils peuvent soutenir l'organisme. Consultez votre médecin homéopathe ou naturopathe : tout est important dans l'équilibre alimentaire. Suffisamment d'ouvrages traitent de cette diététique au quotidien.

‣ *La BAKOPA*

Depuis 5 000 ans, la médecine ayurvédique utilise un remède appelé ***brahmi*** pour traiter divers états affectant l'intellect. Il s'agit d'une plante dont le nom botanique est ***bacopa monnieri*** et le nom français ***hysope d'eau***. Les scientifiques ne s'y sont intéressés que dans les années soixante et ont confirmé que la ***bacopa*** stimule bien la mémoire, favorise la vigilance et la concentration. En 2001, des chercheurs australiens ont montré que l'extrait de ***bacopa*** augmente la vitesse de traitement de l'information, de même que la capacité d'apprentissage et la mémoire des patients traités, tout en atténuant leur anxiété. Dans un autre essai australien, les effets de la ***bacopa*** ont été comparés à ceux d'un placebo chez 76 adultes de 40 à 65 ans. On a noté une amélioration très significative de leur mémoire.

La ***bacopa monnieri*** ou ***brahmi*** est un accélérateur de neurones. Selon les chercheurs, les niveaux d'anxiété seraient réduits d'environ 20 %, la fatigue mentale diminuée et les niveaux de sérotonine (le neuromédiateur du sommeil) accrus. (*Conformément à l'article R.112-7 du Code de la consommation et suite à une injonction provenant de la Direction Départementale pour la Protection des Populations (DDPP), nous ne sommes plus autorisés à indiquer d'allégations thérapeutiques pour ce produit.)*

▸ *La KLAMATH*

L'algue bleu-vert AFA vient du lac Klamath en Oregon (USA) qui est un lac d'eau pure. Cette algue micro-organique se reproduit avec la lumière et se caractérise par sa richesse en micro-nutriments. C'est l'aliment le plus complet de la planète. Avec sa vitamine B12 et K et ses 23 minéraux différents, elle lutte contre le déficit d'attention, la dépression, la fatigue et a un effet certain sur les fonctions cognitives de la mémoire.

La légende nous dit que cette algue nous est envoyée par les êtres de lumière comme remède à la pollution.

▸ *Le GINKO BILOBA*

C'est « l'arbre aux quarante écus ». Il n'est plus besoin de le présenter tellement cet arbre représente la longévité. Cet arbre a plus de 300 millions d'années et sa longévité en fait l'arbre des records luttant contre la pollution.

C'est surtout contre les radicaux libres que le Ginko va intervenir : il réduit les symptômes de la maladie d'Alzheimer, agit sur la démence sénile, améliore les fonctions cognitives, faisant de cet aliment le super aliment du XXIe siècle.

15. LE CERVEAU GAUCHE ET LE CERVEAU DROIT DE LA MÉMOIRE

▸ *LA MÉMOIRE CERVEAU GAUCHE*

Les aspects que nous travaillons d'une façon courante dans les méthodes dites de simulation de la mémoire.

– *REVUE DE PRESSE*: Le fait d'aller chercher de l'information dans la presse développe la curiosité et un esprit de synthèse.

– *MÉMOIRE VERBALE* (évocation immédiate): lire un texte, une poésie, une chanson, un horaire de train. Évoquer les mots ou les horaires à voix haute pour restituer au mieux le message lu.

– *MÉMOIRE ASSOCIATIVE*: grâce au lien que l'on tisse entre les éléments, les choses, les objets, les personnes, les lieux, associer différents éléments de couples (par exemple les rillettes du MANS: numéros de téléphone et les départements). L'objectif est de faire travailler le descriptif qui, par association, va faire un pont, une passerelle imaginative utilisant couleur, forme, usage, matière.

– *VOCABULAIRE*: enrichir son vocabulaire c'est enrichir ses représentations. Avoir un dictionnaire à portée de main pour chercher les définitions.

– *LOGIQUE DES CHIFFRES* :

- Combien de 0 faut-il écrire à la droite du chiffre 5 pour obtenir 500, 5000, 5 millions, 5 milliards – cinq cent cinquante mille milliards.
- Compter à rebours de 1500 en 1500 à partir de 106 000 jusqu'à 95 600
- Constituer toutes les combinaisons possibles avec 2- 5 -7-3…
- Aimer son numéro de compte en banque. Connaissez-vous votre numéro de compte ? En associant dates de naissance, numéro de rue familier, chiffre porte-bonheur, départements, jours d'anniversaire, écrivez en très gros votre numéro de compte, visualisez-le un instant, fermez les yeux. Reconstituez votre numéro de compte. Les premiers nombres sont importants pour déclencher la mémoire des autres chiffres.

– *MÉMOIRE AUDITIVE* : relevez un discours ou une conférence sur internet et notez-le sur un papier ou sur votre cahier.

– *VIVACITÉ, FLUENCE VERBALE, FLEXIBILITÉ.*

– *MÉMOIRE VISUELLE* : décrivez un tableau, une toile de maître, fermez les yeux et reconstituez mentalement le tableau.

– *MÉMOIRE SPONTANÉE* : utilisez les codes des immeubles ou une adresse pour retenir ces éléments dont vous avez besoin au quotidien.

– *STRUCTURATION DE L'ESPACE* : dessinez vos trajets d'après un plan de métro, évoquez les lieux de mémoire importants pour vous, faites un lien avec un feutre en traçant vos déplacements. Si vous n'êtes pas dans une grande ville, faites-le avec le plan de la ville où vous êtes.

▸ *LA MÉMOIRE CERVEAU DROIT*

Développez votre perception avec un bandeau sur les yeux.

– *GOÛT* : mangez et ressentez les sensations de plaisir sucré, salé, amer.

– *ODORAT* : sentez des huiles essentielles et laissez les évocations se saisir de votre esprit. Notez-les.

– *AUDITION* : écoutez de la musique, enlevez le bandeau, observez la différence !

– *VISUALISATION* : visualisez le parcours géographique que vous devez faire pour aller à votre rendez-vous, notez en fin de journée avec crayons et feutres tous vos déplacements dans une journée.

Le travail corporel, la relaxation, la prise de conscience de son corps vont être essentiels dans ce travail sur la mémoire. Nous allons vers une société vidée de sens. Réapproprier nos sens est un acte de survie dans une société de plus en plus standardisée.

– *MIND MAPPING CRÉATIF* : dessinez un tableau et inscrivez vos rendez-vous importants, vos objectifs à court/moyen/long- terme, vos désirs de voyages, de rencontres, vos aspirations. Utilisez collage, crayons de couleur, peinture, crayons gras suffisamment grands, dessinez comme une carte au trésor, car votre mémoire est un trésor…

Conclusion

Ce livre exploratoire permettra, je l'espère, d'ouvrir des pistes pour mieux comprendre le fonctionnement de notre cerveau. L'art a toujours permis une approche pertinente de notre potentiel : associé aux découvertes scientifiques, il s'agit de retrouver les équilibres dont l'être humain a parfois complètement oublié le sens. Puissions-nous contribuer à ce présent qui nous rendra encore plus humains.

ANNEXE

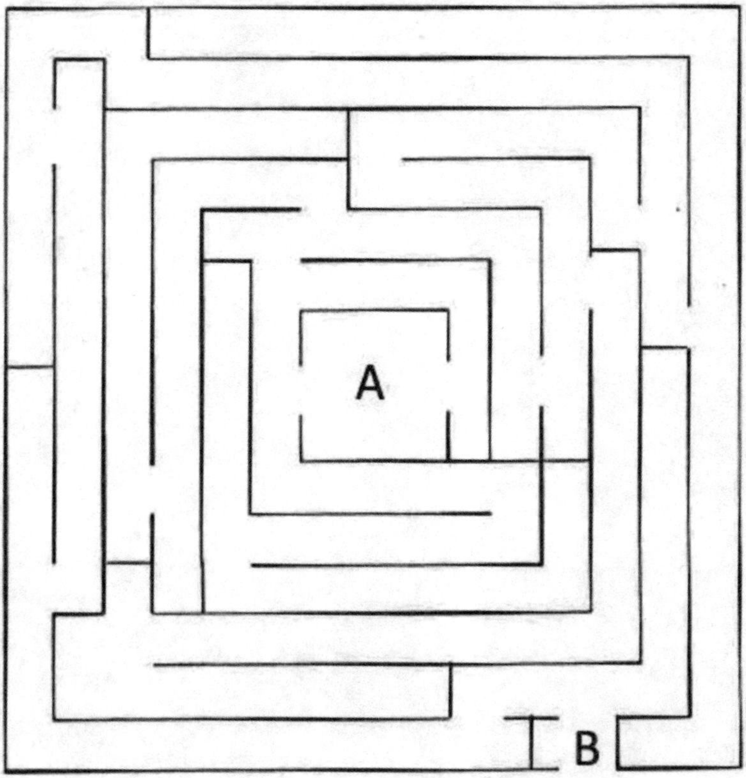

Faites-en une photocopie. Partir du point A et aller au point B et inversement du point B au point A. Faites-le lentement, le labyrinthe représente notre mental.

Remerciements

Je remercie mon éditeur et son équipe : GILLES pour la maquette, ALICE pour les trouvailles de couverture.

Je remercie DANIÈLE DULUC pour sa relecture.

Je dédie ce livre à JEANNE GUESNE pour son apport spirituel dans ma vie, ainsi que DIANE DERIAZ, un maître, avec son livre *La Tête à l'Envers* qui fut pour moi, à travers son titre, une véritable ligne de conduite : se détacher pour mieux vivre l'attachement !

Table des matières

Dépôt légal : juillet 2014 N° imprimeur : 071448611

Imprimé en France par Présence Graphique - Monts.